AS TROIANAS
EURÍPEDES E SARTRE

Editora Appris Ltda.
1.ª Edição - Copyright© 2024 dos autores
Direitos de Edição Reservados à Editora Appris Ltda.

Nenhuma parte desta obra poderá ser utilizada indevidamente, sem estar de acordo com a Lei nº
9.610/98. Se incorreções forem encontradas, serão de exclusiva responsabilidade de seus organizadores. Foi realizado o Depósito Legal na Fundação Biblioteca Nacional, de acordo com as Leis nos
10.994, de 14/12/2004, e 12.192, de 14/01/2010.

Catalogação na Fonte
Elaborado por: Dayanne Leal Souza
Bibliotecária CRB 9/2162

B238t
2024
	Barbosa, Sidney
	    As troianas: Eurípedes e Sartre / Sidney Barbosa. – 1. ed. –
	Curitiba: Appris, 2024.
	    154 p. : il. color. ; 21 cm.
	
	    Inclui referências.
	    ISBN 978-65-250-6109-2
	
	    1. Tróia - Civilização. 2. Guerra. 3. Tragédia grega. 4. Montagem teatral.
	I. Barbosa, Sidney. II. Título.
	
	                                                    CDD – 938

Livro de acordo com a normalização técnica da ABNT

Appris *editora*

Editora e Livraria Appris Ltda.
Av. Manoel Ribas, 2265 – Mercês
Curitiba/PR – CEP: 80810-002
Tel. (41) 3156 - 4731
www.editoraappris.com.br

Printed in Brazil
Impresso no Brasil

SIDNEY BARBOSA
(TRADUÇÃO)

AS TROIANAS
EURÍPEDES E SARTRE

FICHA TÉCNICA

EDITORIAL	Augusto Coelho
	Sara C. de Andrade Coelho
COMITÊ EDITORIAL	Marli Caetano
	Andréa Barbosa Gouveia - UFPR
	Edmeire C. Pereira - UFPR
	Iraneide da Silva - UFC
	Jacques de Lima Ferreira - UP
SUPERVISOR DA PRODUÇÃO	Renata Cristina Lopes Miccelli
PRODUÇÃO EDITORIAL	Bruna Holmen
REVISÃO	Andrea Bassoto Gatto
DIAGRAMAÇÃO	Lucielli Trevizan
CAPA	Hugo Barros

EURÍPEDES/SARTRE

Guerra e paz
Painéis de
Cândido Portinari.
Saguão da ONU, em
Nova York.[1]

---
[1] Disponível em: https://news.un.org/pt/story/2022/11/1805947 . Acesso em: 10 out. 2023.

AS TROIANAS

Peça a quatro mãos escrita por dois autores, um
da Grécia antiga e outro da Modernidade
Literária francesa, com dois
mil anos de interregno, num diálogo artístico, histórico e temático
ocorrido para além do tempo e do espaço.

EURÍPEDES DE SALAMINA

JEAN-PAUL SARTRE

AS TROIANAS

Peça teatral grega do século V a.C., reescrita por Jean-Paul Sartre e publicada em 1965, em Paris.

Tradução de Sidney Barbosa

Sacrifício de Laocoonte e seus filhos no templo troiano no dia da destruição de Troia, horas antes da derrota, mortos por se oporem ao recolhimento do cavalo deixado pelos gregos diante das portas da cidade. Trata-se de cópia romana realizada, provavelmente entre os anos 27 b.c. - 68 a.d.. A datação do original grego desaparecido perde-se na noite dos tempos.

Escultura anônima. Museu Vaticano.[2]

---

[2] Disponível em: https://www.nationalgeographic.pt/historia/troia-a-derrota-final-uma-cidade-mitica_2839. Acesso em: 04 nov. 2023.

*Foram retirados da edição
original francesa desta
obra oitenta exemplares em
pergaminho holandês van Gelder,
numerados de 1 a 80, e duzentos
e vinte e cinco exemplares em
velino puro Lafuma-Navarra,
numerados de 81 a 305.*

Para a Lúcia, querida do Sidney.

Em respeito à tradição francesa de divulgar esse aspecto quando da publicação de uma peça de teatro, informamos que o grupo intitulado *Théatre National Populaire*, sob a direção de George Wilson (1921-2010), apresentou esta peça, As *troianas*, pela primeira vez no *Théatre du Palais de Chaillot*, em Paris, no dia 10 de março de 1965.

PREFÁCIO

Maria da Glória Magalhães dos Reis[3]

Édouard Glissant, em sua obra *Introduction à une Poétique du divers*[4], afirma, em 1996, que uma das artes futuras mais importantes é a "arte da tradução". O escritor, romancista, poeta e teatrólogo, prossegue dizendo que, por esta mesma razão, ela, a tradução, é a evidência que temos para conceber em nosso imaginário a totalidade das línguas. Sidney Barbosa nos presenteia mais uma vez com sua arte de traduzir teatro. Tendo publicado outras traduções de textos dramáticos em português do Brasil como *Antígona*, de Jean Anouilh, em 2009, e *A guerra de Troia não acontecerá* (no prelo), de Jean Giraudoux, ambas pela Editora da Universidade de Brasília e *A morte rural de Santinha Naiá* [*Aux champs pour Toto*], do escritor hatiano Syto Cavé; o tradutor e professor de literatura, nos apresenta agora, pela Editora Appris, a tradução da adaptação francesa da peça *As troianas* de Eurípedes por Jean-Paul Sartre.

A escolha não poderia ser mais apropriada para os dias em que vivemos. Como o tradutor discute em seu posfácio, os conflitos armados cada vez mais violentos nos fazem temer por nosso futuro, pelo futuro de nossas filhas e nossos filhos e do planeta. Sartre, por sua vez, também deixa clara a conotação política da obra em sua Introdução, ao citar outra tradução da mesma peça, que ele ressalta ser "fiel ao original", feita por Jacqueline Moatti, no momento da Guerra da Argélia. Na Europa, na primeira metade do século XX, o mundo havia vivido a guerra da Espanha, duas guerras reconhecidas

---

[3] Professora de Literatura Francesa no Departamento de Teoria Literária e Literaturas da Universidade de Brasília, dedicada à tradução e montagem de peças teatrais de língua francesa, notadamente de África. Docente do Programa de Pós-Graduação em Literatura e Práticas Sociais da mesma instituição.

[4] Glissant, Édouard. *Introduction à une Poétique du Divers*. Paris : Gallimard, 1996.

como mundiais e as consequências da Revolução Russa. Na Ásia, a guerra do Vietnã impactava todo o planeta. No continente africano, as guerras das independências acabam se perpetuando até a atualidade em consequência de uma visão hegemônica do mundo ocidental (vislumbrando o ocidente pela visão de Glissant como "projeto" e não como situação geográfica). Além dos conflitos Rússia e Ucrânia, Israel e Hamas, citados também por Barbosa em seu posfácio. Guerras, nas quais reconhecemos mulheres despossuídas de seus corpos, viúvas, estupradas, escravizadas, testemunhando o extermínio de sua prole; crianças mutiladas, traumatizadas e assassinadas; homens algozes e vítimas da própria insensatez.

As *troianas*, de Eurípedes, adaptado por Sartre, segundo John Ireland[5], a última obra dramática do filósofo, oportunamente traduzida para o português do Brasil por Sidney Barbosa, mostra-se de inquietante atualidade. Tomando emprestada a afirmação de Cassandra, recuperada por Sartre "todo homem sensato deve evitar a guerra", nos interrogamos sobre nosso papel no mundo como professoras e professores, tradutoras e tradutores, escritoras e escritores, leitoras e leitores, amantes das artes e das literaturas. O que fazer para enfrentar a opressão e a violência além de escrever, contar, ensinar, debater e traduzir? Esta é nossa atividade humana e política perante a sociedade: mostrar, falar, rememorar, para não esquecermos que na guerra só há derrotados e mortos. Não há vencedores, nos lançam em plena face Eurípedes e Sartre.

---

[5] Ireland, John. « Numance, Bataille et les fins de la violence théâtrale chez Sartre. » In. : Études françaises, 49(2), 83–101. https://doi.org/10.7202/1019493ar. (2013).

SUMÁRIO

INTRODUÇÃO
AS TROIANAS 21
Jean-Paul Sartre

PERSONAGENS E INTÉRPRETES:
NA PRIMEIRA MONTAGEM DA PEÇA 25
(por ordem de entrada no palco)

MULHERES DE TROIA FIGURANTES 25

PRIMEIRA CENA 27

CENA II 31
Palas, Poseidon

CENA III 37
Hécuba, depois as troianas

CENA IV 47
Os mesmos, Taltíbio

CENA V 57
Os mesmos, Cassandra

CENA VI 73
Hécuba, o Coro

CENA VII 79
Hécuba, o Coro, Andrômaca, uma mulher

CENA VIII 89
Os mesmos e Taltíbio

CENA IX 97
Hécuba, o Coro
(no amanhecer)

CENA X 103
Os mesmos, Menelau e depois Helena

CENA XI 123
O Coro, Hécuba e depois Taltíbio trazendo o corpo de Astíanax

ÚLTIMA CENA 141

POSFÁCIO 145
Sidney Barbosa

REFERÊNCIAS 152

DISCOGRAFIA 153

INTRODUÇÃO

AS TROIANAS

Jean-Paul Sartre

Entre a tragédia de Eurípides e a sociedade ateniense do século V existe uma relação implícita de que não somos mais capazes de compreender, exceto se olharmos de longe. Se eu quiser tornar essa reescritura significativa não posso apenas traduzir a peça, tenho que adaptá-la.

Uma linguagem de pura imitação estava excluída de início. A transposição para o francês falado e moderno também, pois o texto, por sua vez, deve marcar sua própria distância de nós. Escolhi, portanto, uma linguagem poética, que mantém o texto em seu caráter formal e em seu valor retórico, mas sem modificar sua dicção.

As troianas foi representada no momento da guerra da Argélia, numa tradução muito fiel de Jacqueline Moatti. Fiquei impressionado com o sucesso que esse drama teve com o público, que era favorável às negociações com a F.L.N.[6] Obviamente, foi esse aspecto do drama que me interessou em primeiro lugar. É sabido que, mesmo no tempo de Eurípides, esta obra já tinha um significado político preciso. Era uma condenação da guerra em geral e das expedições coloniais gregas em particular.

---

[6] A Frente de Libertação Nacional foi um partido nacionalista argelino, criado em 1954, com o objetivo de obter a independência da Argélia frente à França. Por sua ação militar de sublevação e terrorismo, o partido tornou-se a principal força militar e o mais importante interlocutor com a metrópole francesa no momento da independência da Argélia, ocorrida, a duras penas, em 1962 (N. do T.). Trata-se e um exemplo perfeito de guerra na concepção francesa uma vez que envolveu praticamente todas as famílias na Guerra da Argélia.

Hoje sabemos o que a guerra significa: uma guerra atômica não terá vencedores nem mesmo vencidos.[7] É exatamente isso que a peça demonstra: os gregos destruíram Troia, mas não tiraram nenhum proveito de sua vitória, uma vez que a vingança dos deuses viria a destruir todos eles. E como afirma Cassandra: "Todo homem sensato deve evitar a guerra". Na verdade, nem era preciso dizer: a situação de um e de outro é testemunha suficiente disso. Já eu preferi deixar a palavra final para Poseidon: "Todos vocês vão morrer nessa".

O único ponto do texto que me permiti evidenciar um pouco foi quanto às guerras coloniais. É como falo várias vezes da Europa: é uma ideia moderna, mas responde à antiga oposição entre gregos e bárbaros, entre a Magna Grécia, que desenvolveu a sua civilização rumo ao Mediterrâneo e as povoações da Ásia Menor, onde o imperialismo colonial de Atenas foi exercido com a ferocidade que Eurípedes denunciou sem rodeios nessa peça. E se a expressão "maldita guerra" assumir para nós um significado demasiadamente exato, recorra ao texto grego – você verá que está lá, ou em algum lugar próximo.

(Trechos dos comentários de Jean-Paul Sartre anotados por Bernard Pingaud que compõem a "orelha" da Edição Gallimard, de 1965).

---

[7] Sartre refere-se aqui à "Guerra Fria" (1947-1991) e à possibilidade de destruição atômica total do planeta caso ocorresse a Terceira Guerra Mundial, preocupação muito viva à época da publicação desta adaptação (N. do T.).

Figura 1 – Eurípedes. Britânica/Wikiquote

Fonte: Britânica/Wikiquote (2018)[8]

---

[8] Disponível em: https://pt.wikiquote.org/wiki/Eur%C3%ADpedes . Acesso em: 10 out. 2023.

PERSONAGENS E INTÉRPRETES: NA PRIMEIRA MONTAGEM DA PEÇA
(por ordem de entrada no palco)

POSEIDON – Jean Martinelli

PALAS ATENA – Françoise Le Bail

HÉCUBA – Éléonore Hirt

TALTÍBIO – Jean-Pierre Bernard

CASSANDRA – Judith Magre

ANDRÔMACA – Natalie Nerval

MENELAU – Yves Vincent

HELENA – Françoise Brion

MULHERES DE TROIA FIGURANTES

Christiane Ballester, Hélène Chatelain, Jacqueline Devissy, Danièle Dubreil, Annick Fougery. Florence Giorgetti, Ginette Letonadal, Monireh, Claire Nadeau, Bernadette Onfroy, Catherine Rethi, Simone Rieutor, Rachel Salik, Maryvonne Schiltz, Maïa Simon, Laurence Weber.

Organização cênica e figurinos de Jean Tsarouchis.
Música de Jean Prodomides.
Montagem de Michel Cacoyannis.

Assistente do decorador: Chlóe Georgeakis.
Assistente de coreografia; Yvonne Cartier.

PRIMEIRA CENA[9]

(Poseidon entra.)

POSEIDON

Eu, Poseidon,
Deus do Mar,
deixei minhas Nereidas,
as animadas dançarinas do abismo,
e vim para cá ver
as chamas e os negros carvões,
que hoje cobrem o que outrora foi Troia.
Houve um tempo em que eu e Fobos[10]
pegamos pedras e construímos as muralhas desta cidade
com nossas próprias mãos.
Desde então nunca deixei de amá-la.
(fica silencioso um tempo e depois olha para a cidade)

---

[9] Antes de iniciar a primeira cena, o tradutor sugere que se apresente na sala, em volume bastante alto, A *cavalgada das Walquírias*, de Richard Wagner, prelúdio do III Ato da célebre ópera, apresentada pela Orquestra do Teatro Nacional de Brasília "Cláudio Santoro", com duração de cerca de cinco minutos. Concomitantemente, projetam-se imagens e pequenas frases resumindo o que tinha sido a Guerra de Troia, a fim de situar ou relembrar aos espectadores o contexto de guerra e pós-guerra a partir do qual se desenrolará a tragédia. A vitória dos gregos foi obtida pela astúcia e pela traição, não pela força militar. Eles nada conseguiram em dez anos de cerco à guerreira cidade da Ásia, mas foi efetivada pelo engenhoso e famoso "Cavalo de Troia". No final dessa série de *slides*, mostrar a terra desértica onde a cidade existiu para comprovar que ela nunca mais pôde ser reconstruída e assim está até os dias de hoje, acabou-se para sempre. Não existe nada naquele local, cujas ruínas encontram-se atualmente na Turquia. O tema mescla dados da História e da Mitologia, tecendo uma das mais complexas e bonitas peças teatrais do mundo literário de todos os tempos.

[10] Na mitologia grega, Fobos (*Phoibos*) é uma personificação do medo trazido pela guerra, que não aparece como um personagem em nenhum episódio desta peça (N. do T.).

Nada restará.[11]
Nos bosques sagrados não existem mais sacerdotes,
além dos que estão mortos.
Nossos templos estão sangrando,
os gregos saquearam tudo.
Ó Zeus, rei dos deuses, meu irmão,
diante dele, nas escadarias do seu altar,
Príamo, o rei de Troia, foi degolado.
(*volta a ficar em silêncio*).

Eles vão levar o seu butim,
principalmente o ouro e as joias da Frígia.[12]
Aqueles gregos, implacáveis na destruição de minha cidade,
poderão rever seus filhos e suas esposas.
Para eles, a época do plantio voltou dez vezes
e aqui permaneceram,
envelhecendo,
obstinados a não levantar o cerco a Troia.
Muito bem, agora tudo acabou.
Seus navios estão prontos,
esperando apenas o vento soprar.
Não foi a coragem que venceu, mas, sim, a astúcia e a traição.
Os troianos foram mortos.

---

[11] As Walkírias têm sido consideradas o que, no Brasil, é chamado de "mulher-macho", "paraíba" etc. Ora, após a execução de todos os homens de Troia, incluindo aí os meninos, as troianas tornaram-se verdadeiras Walkírias no sentido guerreiro e não no depreciativo. Essa parte da ópera de Wagner homenageia a coragem das mulheres de todo um povo, de uma nação, de uma condição que vai além do gênero. Tanto Eurípedes quanto Sartre apoiam essa leitura em suas obras teatrais.

[12] Região que fazia parte da Ásia Menor dominada por Troia, onde era guardado o tesouro da cidade. Hoje a área pertence à Turquia, com o nome de Anatólia, terra dos reis, Gordias, desenhador do "nó górdio" e de Midas, que transformava em ouro tudo o que tocava. (N. do T.).

Todos eles.

Só sobraram as troianas.

Algumas delas serão tomadas como troféu dos chefes,

Outras serão sorteadas.

Aquela mulher que está ali, deitada de bruços, é a pobre rainha.

Ela está em prantos por causa do seu marido e de seus filhos.

Mas, na verdade, sou *eu* quem foi vencido!

Quem realizará a minha cerimônia?

Quem vai me prestar homenagem

nesta terra destruída?

Hera, esposa de meu irmão,

deusa de Argos,

E Palas Atena, minha sobrinha,

deusa da Àtica,[13]

uniram-se para sequestrar os meus frígios;

elas foram injustas comigo.

Estou desanimado.

O que posso fazer com essas ruínas?

Adeus, cidade da glória!

Adeus, muralhas e ameias,

e aos belos e polidos torreões,

tão bem cuidados por mim.

Adeus!

Ah! Palas, Palas Atena,

se você não fosse tão rancorosa

esta cidade ainda estaria viva e de pé.

(*Palas entra e aproxima-se dele*).

---

[13] Região da Grécia onde se localiza Atenas.

Figura 2 – Montagem de As troianas, de Eurípedes, realizada em 2011, no Teatro Lona Cultural, de Vista Alegre, no Rio de Janeiro, sob a direção de José Pontes.

Fonte: Youtube, canal Jean Nakano (2011)[14]

---

[14] Disponível em: https://www.youtube.com/watch?v=ZrREPzLd04c&t=103s . Acesso em: 10 out 2023.

CENA II

Palas, Poseidon

PALAS

Poseidon!

(*ele olha para ela com raiva, vira-se e ameaça se retirar.*)

Alto lá!

Você é um deus poderoso. Todos os outros deuses te reverenciam
e você é o parente mais próximo de meu pai.

POSEIDON

Não me venha com essa educação fingida, Atena!
Fico sempre desconfiado quando você age assim.

PALAS

Se eu deixar de lado o meu ódio recolhido
você irá me escutar?

POSEIDON

Eu não...

(*ele volta a si e fala com ironia*)

Por que não?

É sempre muito agradável conversar em família,
querida sobrinha.

PALAS

Você está muito conciliador. Muito mesmo. Melhor assim.
Tenho uma proposta para lhe fazer.
Ela interessa a nós dois.
Trata-se justamente de Troia.

POSEIDON

Veja o que sobrou!

Já é tarde demais para sentir piedade dela.

PALAS

De sua cidade não sinto pena alguma.

Decidi esmagá-la e está feito. Inclusive, muito bem-feito.

(*faz-se silêncio por um momento*)

Agora o que eu quero é castigar os gregos.

POSEIDON

Os gregos?

PALAS

Sim. Os gregos. Você vai me ajudar?

POSEIDON

Eles são seus aliados. Não entendo. Você acabou de conceder-lhes

a vitória.

Palas Atena, ó deusa da razão,

você não está sendo incoerente?

Vai do amor para o ódio

de maneira caprichosa.

PALAS

Eles me ofenderam.

Cassandra estava refugiada em meu templo,

Ájax foi procurá-la

e a retirou de lá arrastando-a pelos cabelos.
Você acha que entre os gregos há alguém capaz de puni-lo
ou pelo menos culpá-lo?
Ninguém.
E o meu templo também está em chamas.

POSEIDON
O mesmo acontece com o meu.

PALAS
Isso! Igualzinho ao seu.
E então? Você vai me ajudar?
(*Poseidon hesita*)
Você está festejando a morte dos troianos.

POSEIDON
Você está completamente enganada, querida sobrinha.
Saiba que simplesmente não esquecerei a amargura que
estou sentindo.
Mesmo assim vou te ajudar.

PALAS
Vamos supliciá-los com um terrível retorno.
Zeus me prometeu mandar chuvas, granizo e furacões
E lançar raios sobre os navios deles.
Quanto a você, reúna as suas ondas,
e quando chegarem ao topo da colina
derrame-as sobre eles.

O mar afundará todos os navios
que conseguirem chegar ao Estreito da Ilha Eubeia.
Ali, redemoinhos marítimos se abrirão e a todos irão tragar.
É bom para que a Grécia aprenda a me respeitar.

POSEIDON
Assim será feito:
nas praias de Míconos, nas ilhas de Esquiro e de Lemnos,
contra os recifes de Delos,
e nos pés do penhasco do Cabo Cafarê,
minha boca vomitará seus cadáveres.
Por isso, volte prontamente ao Olimpo para assistir a essas cenas.
Seja diligente, minha sobrinha.
Quando eles soltarem as amarras das cordas,
pergunte para o seu pai sobre as flechas de fogo.
(Eles se separam e cada um vai para uma direção)

CENA III

Hécuba, depois as troianas

HÉCUBA
(esforçando-se para levantar)

Vamos! De pé!
Levante esse pescoço alquebrado,
velha sem graça.
As circunstâncias mudam e você precisa aprender a ter paciência.
De que adiantam as lamúrias?
Por que nadar contra a corrente?
Deixe-se ficar à deriva! À deriva!
O destino a pegou. Deixe-se levar.
*(ela fica desanimada, mas, em seguida, conforma-se com
a situação)*
Não quero mais me resignar.
Dores! Minhas sagradas dores,
todos os sofrimentos deste mundo caíram sobre mim!
Rainha, tornei-me esposa de um rei.
Dei filhos lindos a ele
E foram mortos um a um pela espada grega.
Quanto a Príamo, meu marido e meu rei,
eu estava lá e vi quando ele sangrava.
Foi na escadaria do altar. Vi sua garganta cortada
e também o sangue que jorrava.
Criei minhas filhas
para os maiores reis da Ásia,
mas o destino delas é a detestada Europa,
a serviço de chefes sanguinários.
Oh! Minha descendência,

AS TROIANAS

chama inflada pela glória dos raios de sol,

você desaba ao soprar do vento.

Na verdade, não passas de ventania.

(*ela dá um tempo*)

Sei que falo muito, mas não sou capaz de me calar,

e meu silêncio vale tanto quanto as palavras que pronuncio.

Chorar? Já não tenho lágrimas.

A vontade que tenho é de me deitar no chão

e, aí, fazer o luto sem gemidos,

rolando de um lado para outro,

como um barquinho na tempestade.

(*ela quase se joga no chão, mas reage e levanta-se*)

Não!

Os desgraçados acabam sozinhos no mundo,

Mas mesmo assim resta-lhes uma voz para cantar.

Então cantarei.

Navios, lindos navios,

dez anos atrás,

para onde estavam indo?

Seus remadores suavam,

suas proas feriam o mar violeta,[15]

deslizavam de um porto a outro.

Para onde estavam indo?

Iam buscar aquela grega infiel,

---

[15] O mar de "cor violeta" é um procedimento cultural, poético, literário e sensorial da Grécia clássica. Ou seja, ao invés de "verdes mares" (cultura brasileira, por exemplo, Iracema) ou "mares azuis" (cultura francesa, por exemplo, *Côte d'Azur*, etc.), nas tragédias, na *Odisseia* e na *Ilíada*, a cor do mar é sempre violeta, que, diferentemente do azul, está ligada ao mistério, à sofisticação e à espiritualidade. (N. do T.).

Helena, esposa de Menelau,

E, na verdade, traziam a morte aos troianos.

Navios, lindos navios,

seus cascos se banhavam em nossos portos

e os homens de ferro[16] saltavam dos seus conveses.

Tudo isso foi há dez anos.

Hoje vocês estão indo embora

e estão me levando, a mim, a mais velha;

o rosto enrugado e a cabeça raspada.

Vou servir na casa de outros.

Para que massacrar meu povo,

mergulhar as mulheres no luto

e jogá-las na infâmia?

A fim de levar a glória aos gregos

e acabar envergonhando a própria Grécia?

(*ela bate uma palma de protesto*)

Viúvas troianas,

virgens de Troia, noivas de todos os falecidos, de pé!

Olhai para trás aquelas pedras que queimam e depois escurecem,

olhai pela última vez

e choremos a nossa desgraça.

(*a primeira metade do coro sai de suas tendas*)

---

[16] Os militares de Atenas foram os primeiros a portar espadas de ferro, inventadas por eles. Daí a imposição dessa cidade sobre as outras do universo grego. Essa dominação militar ateniense deixou outras heranças no mundo grego, a saber, o alfabeto, o pensamento abstrato, as concepções urbanísticas, a língua e os comportamentos sociais, que foram impostos *manu militari* às outras cidades-estado gregas. Daí a referência aos "homens de ferro" a que alude Hécuba (N. do T.).

O CORIFEU

Ó Hécuba! Seus gritos rasgaram a tela destas tendas,
o medo acabou por tocar nossos peitos
e entrou para o fundo dos nossos corações.
O que você tem para nos contar?

HÉCUBA

Vejam os navios no cais.

UMA MULHER

Os gregos içaram as velas.

OUTRA MULHER

Olhe lá, alguns homens estão carregando os seus remos.

TODAS AS MULHERES

Eles vão partir.

O CORIFEU

(*virando-se para as tendas*)
Vinde vos inteirar de seus destinos, ó mulheres!
Os gregos preparam sua partida.
Abandonai suas tendas, ó infelizes. Venham todas!

HÉCUBA

Ah! Não! Todas não!
Todas, menos Cassandra!

Vamos impedi-la de sair. Ela está louca.

Vamos nos poupar pelo menos desse cúmulo da desgraça:

termos que corar diante dos gregos.

UMA MULHER

O que eles vão fazer

Será que vão nos matar aqui mesmo?

OUTRA MULHER

Ou arrancar-nos da nossa terra,

levar-nos pelas águas?

HÉCUBA

Só sei de uma coisa:

é certo que será o pior.

(*para si mesma*)

Escrava.

De quem? Onde?

Em Argos? Em Ftia?

Numa ilha perdida no mar?

Velhota digna de piedade,

mais morta do que viva,

vespa desprezível numa caixa de marimbondos estrangeiros,

para que eu serviria?

Vou ficar noite e dia vigiando uma porta

ou, então, cuidarei de crianças,

a menos que me mandem amassar o pão.

Sinto-me um farrapo. Ai, meu triste corpo!
Vão te cobrir de farrapos,
vais dormir no chão de terra batida.
(*fica um tempo em silêncio*)
E eu que fui rainha de Troia!
(por tanto tempo!)

UMA MULHER
Se eu me deslocar daqui para lá e de lá para cá nesta embarcação
jamais farei parte das negociações da Ilíada.

OUTRA MULHER
Não tenho mais família, minha casa foi incendiada.
Daqui vejo apenas suas paredes carbonizadas pelo fogo
e sinto que as estou vendo pela última vez.
Ai, ai, ai!

O CORIFEU
Calai essa boca!
É melhor que vós tenhais paciência, pois
os piores sofrimentos ainda estão por vir.

UMA MULHER
É possível que existam sofrimentos ainda maiores do que esse?
[deste momento?]

OUTRA MULHER
Sim. Um grego pode, numa noite escura, te levar à força
para a cama dele, por exemplo.

A PRIMEIRA MULHER
Desde já amaldiçoo a noite em que isso ocorrer,
pelo horror que a sua escuridão puder esconder.

UMA MULHER
Expulsa da minha terra,
arrancada da Ásia,
terei que viver e morrer na detestável Europa,
ou seja, no inferno.

UMA OUTRA
Quanto a mim, talvez não passarei de uma carregadora de água.

UMA OUTRA
Se o Destino assim designar,
talvez eu seja escrava na Ática
ou na fértil terra da Pineia
ao pé do Olimpo!
Dizem que a vida lá é boa
mesmo para uma escrava.

UMA MULHER
Qualquer coisa menos morar nas margens
do rio Eurotas, que passa por Esparta.
Ali seria obrigada a ver Helena triunfante, todos os dias,
e deveria obedecer a Menelau,
o carniceiro de Troia.

O CORIFEU

Prestem atenção! Alguma de vocês!

AS OUTRAS

Quem?

O CORIFEU

Lá vem um grego. Vejam como corre!

Ele está vindo anunciar o nosso destino.

Pronto, está feito! Agora tudo está dominado!

Nós ainda nem deixamos nossa terra

e já estamos lá,

na terra da arquitetura dórica,[17]

na condição de escravos.

---

[17] Dentre todas as modalidades da arquitetura grega, a elaborada pelos dórios apresenta-se sempre como a mais importante, não por uma suposta superioridade técnica ou estética, uma vez que é a mais simples, mas por ter sido a primeira a ser definida e construída no mundo grego. Ou seja, é por essa razão que "arquitetura dórica" pode ser sinônimo de arquitetura grega, como ocorre aqui (N. do T.).

Figura 3 – Valderez de Barros representando Hécuba na peça desse nome, também de Eurípedes, montagem de 2011

Impressionante como a imagem provocada pela descrição literária encaixa-se com a representação, temos a impressão que essa era a cara de Hécuba

Fonte: Lenise Pinheiro/Folhapress

CENA IV

Os mesmos, Taltíbio

TALTÍBIO

(*dirigindo-se a Hécuba*)

Sou eu, Taltíbio,

o arauto do exército grego.

A senhora sabe quem sou eu e está me reconhecendo? Lembra-se,
nobre dama?

Frequentemente eu transpunha as portas da cidade para entregar
mensagens dos nossos generais.

E agora encarregaram-me de fazer um comunicado oficial.

HÉCUBA

Ó minhas troianas!

Chegou o momento terrível que tanto temíamos.

TALTÍBIO

Muito bem. É isso mesmo: a sina de vocês foi decidida.

HÉCUBA

Para onde vão nos levar?

TALTÍBIO

Vamos separá-las.

Cada uma de vocês terá um senhor diferente.

HÉCUBA

Que senhores são esses?

Por favor, diga-me se pelo menos

uma de nós

terá alguma sorte.

TALTÍBIO

Mandaram-me aqui para lhe responder.

Mas não posso dar conta disso, respondendo a tudo de uma só vez.

HÉCUBA

Está bem.

(*faz uma pausa*)

O que será feito de Cassandra?

TALTÍBIO

Ela está justamente entre as que tiveram maior sorte.

Agamenon quer ficar com a sua filha.

HÉCUBA

Ela será, então, empregada da Cliptemnestra.

Que nojo!

TALTÍBIO

De jeito nenhum!

O rei dos reis quer que ela seja a sua rapariga.

HÉCUBA

Como concubina?

TALTÍBIO

Digamos que haverá um casamento – mas será secreto.

HÉCUBA

Estou entendendo. Você sabe muito bem que ela pertence
ao deus Sol,

somente a ele,

e que esse deus de cabelos dourados

exige que ela permaneça eternamente virgem.

TALTÍBIO

É justamente por causa disso! O que nela atrai o rei dos gregos
é sua virgindade sagrada
de profetisa.

HÉCUBA

Pode jogar as chaves do templo, minha pobre filha.
Arranque as fitas consagradas,
manda cobrir seus cabelos com poeira[18] do chão!

TALTÍBIO

E daí? Ao final das contas, repartir a cama de um grande rei
não é assim tão mal.

HÉCUBA

E a Polixena? Aquela que vocês arrancaram de mim: onde ela está?

---

[18] Esse gesto denota a abdicação da personagem no que concerne ao seu status de pureza. No sentido figurado, a poeira significa humildade (*humus*, raiz de humilde), rebaixamento. Há vários exemplos, na história, na religião e na literatura de pessoas que se cobrem de poeira em momentos trágicos para reafirmar submissão aos deuses ou aos vitoriosos.

TALTÍBIO

Ela foi designada para servir Aquiles.

HÉCUBA

Mas Aquiles está morto!

TALTÍBIO

Ela o servirá assim mesmo.

HÉCUBA

Estranho costume dos gregos esse.

Minha filhinha querida, por acaso eu te pari

para colocar você ao serviço de um túmulo?

TALTÍBIO

Essa também teve muita sorte,

muita sorte.

A própria Cassandra ficará com inveja dela.

HÉCUBA

Por quê?

TALTÍBIO

Ela encontrou a paz.

HÉCUBA

Pelo menos está viva? Neste momento ela está enxergando o céu
e as estrelas desta noite?
Que situação difícil! Responda-me!
Sua cara não está nada boa.

TALTÍBIO

Nós a colocamos num lugar seguro.

HÉCUBA

Seguro do quê?

TALTÍBIO

De todos os males.

HÉCUBA

É mesmo?
(*um silêncio*)
E Andrômaca?

TALTÍBIO

Muito bem, não é aquela que é mulher de Heitor?
É um bem valioso.
Iremos agregá-la ao filho de Aquiles.

HÉCUBA

E eu? Que estou vencida pela idade
e não consigo caminhar sem esta bengala,
para que posso ainda servir?
Será que alguém pode me querer?

TALTÍBIO

Ulisses. Você será escrava na casa dele.

HÉCUBA

Não! Nananinanão! Ele não.
Eu cuspo na cara dele, esse cachorro,
esse monstro de língua torta,
que semeia a discórdia e o ódio
em todos os lugares em que reina a amizade.
Ulisses! Ó troianas, chorem por sua rainha.
Dentre nós, a mais desgraçada sou eu!

O CORO

(dirigindo-se a Taltíbio)
E nós? E nós? O que acontecerá conosco?

TALTÍBIO

Não faço ideia.
Não tenho nada a ver com isso.
No frigir dos ovos faremos um sorteio.
(chamando os guardas:)

Podem buscar Cassandra.

Agamenon a quer agora.

O que há?

A tenda (dela) é a vermelha.

Rápido! Corram para verificar se as troianas

não estão tentando se queimar vivas.

Eu até entendo que um coração livre

não aceite facilmente a catástrofe (da escravidão),

mas não quero saber de suicídios aqui! Fui claro?

E sobretudo: nada de tochas humanas.

Seria muito fácil pra elas

e sobraria para mim.

HÉCUBA

Não há nada pegando fogo.

É apenas Cassandra,

a louca, que está chegando.

Figura 4 – *Epidaurus*: o teatro. Construído por volta de 350 a.C., o mais bem-conservado dos teatros gregos antigos nos dias de hoje

Fonte: Finesthotels.net (ca. 2023)[19]

---

[19] Disponível em: https://www.finesthotels.net/en/tour.html?tid=17. Acesso em: 4 nov. 2023

56

CENA V

Os mesmos, Cassandra

CASSANDRA

Ó Fogo,

que baixo estás, aumente a sua força,

dance,

com vivacidade e com respeito sagrados,

levante o seu orgulho acima desse céu escuro,

dance em torno da minha tocha,

suba

direto e leve pelos ares!

Hímen! Himeneu,

louvado seja o esposo.

E eu, Virgem do Sol,

futura esposa de um grande rei,

a mim, os deuses,

abençoem-me!

(A *Hécuba*:)

Segure esta tocha, ó mãezinha,

dirija a procissão.

O que está acontecendo? Por quem choras?

Sim, meu pai e meus irmãos...

Agora é tarde; estou indo me casar.

Alegria! Alegria! Lágrimas de alegria!

Tome!

(*ela lhe entrega o archote aceso*)

Não quer segurar? Tudo bem.

Já que você não o deseja, eu o portarei.

Hímen! Himeneu!

Eu serei de um grego!

Rainha da noite,

acenda as tuas estrelas.

Muitas tochas, tudo queimando!

Estou deslumbrada. Melhor assim.

Preciso de mil sóis para me aclarar

quando eu, virgem imaculada,

entrar no leito do inimigo.

Incendeie-se, minha flama,

mais intenso do que isso, mais claro,

suba até o céu.

Evãn, evoé,[20]

Hoje é o dia mais lindo

dos meus mais belos dias desde os tempos do meu pai.

Fobos, meu deus particular, conduza o Coro,

e vós, minha mãe, entre também na dança.

Vamos! Dentro do ritual,

dancem nem que seja somente para me agradar.

Troianas,

onde estão suas roupas de festa?

Precisamos gritar de alegria!

Uhu! Uhu!

Cantem comigo!

Uhu! Uhu!

---

[20] *Evãn, evoé!* Trata-se de uma interjeição de invocação e saudação ao deus Baco, do vinho, e manifesta "uma impressão repentina ou sentimento profundo. Serve também para invocar o interlocutor ou como fórmula de despedida, ou conformidade" (N. do T.)

O CORIFEU

Segure-a, ó rainha, detenha-a,

senão ela vai pular direto

na cama de um grego.

HÉCUBA

Entregue-me essa tocha, minha filha.

Você não a está segurando direito.

O CORO

Ela está delirando,

a calamidade roubou-lhe a razão.

CASSANDRA

Elas estão achando que fiquei louca!

Escute aqui, mãe:

é melhor festejarmos meu casamento real

e se, de repente, meu coração não der conta,

empurre-me para os braços de Agamenon,

e que ele me leve para Argos,

pois é lá que se encontra nosso grande leito nupcial.

Essa será sua cama de morte.

Helena matou milhares de gregos

diante das nossas muralhas,

e eu vou espalhar mais mal do que ela.

Cassandra será o flagelo deles.

Ele vai morrer, o grande rei, o *bom* rei

por minha intervenção!

Por causa de mim, a sua Casa real vai sucumbir.

Eu vou arruinar a linhagem dele,

assim como ele destruiu a nossa.

Pare de chorar: chegou a hora de começarmos a rir!

Rir às gargalhadas!

Eu lhe asseguro que meu pai e meus irmãos serão vingados!

HÉCUBA

Por você?

CASSANDRA

Sim. Por mim.

HÉCUBA

Minha filha, na condição de pobre escrava sem força,

como é que você vai conseguir...

CASSANDRA

O punhal!

Ali, direto no coração!

Não serei eu quem vai cravá-lo,

mas eu garanto que vai sair muito sangue,

o rei dos reis.

Oh! Como ele vai sangrar

(*às gargalhadas*)

Quanto a mim, irão me cortar o pescoço.

Hímen, Himeneu.

(*ela se cala um momento*)

Muito tempo depois, o filho irá matar a mãe e fugir,

com as cadelas latindo atrás dele.

Acabem logo com essa situação, Átridas,[21]

para nunca mais se ouvir falar disso.

O CORO

Cassandra, cale essa boca!

Você nos desonra,

sua mãe tem vergonha de você!

Não diante dos gregos, Cassandra!

Não diante dos nossos vencedores!

CASSANDRA

Calar-me por quê?

Eu só estou repetindo o que me contou o deus Sol.

Eu poderia...

Mas não! É muita patifaria!

Vocês têm razão, vou me calar.

(*para Hécuba*)

Não chore, mãe.

Os gregos foram vitoriosos. Mas, e daí?

Apesar de vencida, queimada, humilhada,

o melhor espólio é o de Troia.

Neste planalto os nossos inimigos caíram

---

[21] Família real a que pertencia Agamenon, de Argos (N. do T.)

aos milhares.

Pergunto-me se era para defender suas fronteiras

ou as muralhas das cidadelas gregas.

Não. Morreram por nada, no estrangeiro,

sem rever seus filhos nem seus pais,

aqueles velhos covardes que não souberam impedi-los de partir.

Não tiveram nem túmulos, nos seus lugarejos gregos,

nem receberam as libações funerárias!

A terra troiana devorou-os, todos misturados na vala comum,

e suas mulheres nunca irão recuperar as ossadas deles.

Outros – que talvez eles detestem –

é que irão criar seus filhos.

Miseráveis! Devorados pela terra, mas não enterrados,

vocês não servem para ser nem mesmo adubo e sombras.

Aqui, os vermes os devoram.

Na sua terra, o esquecimento.

Olvidados. Ah! Aniquilados.

Quanto aos que sobraram vivos, Apolo contou-me o que estão fazendo suas esposas,

do mesmo jeito como Clitemnestra espera Agamenon.

Mas não vou ficar me repetindo.

Expedição cheia de orgulho!

Para caçar a uma única infiel

eles deixaram para trás suas mulheres durante dez anos

E o adultério instalou-se, tranquilo,

em todos os lares da Grécia.

(*para Taltíbio*)

É isso que você chama de ganhar a guerra? Parece que sim.

Nós é que a perdemos,

mas não tenho vergonha disso.

(são outras condições)

Não há um dos nossos mortos

que não tenha caído sobre a nossa terra

para defender esta cidade.

Todas as noites, enquanto viveram,

depois das duras batalhas do dia

eles voltavam para nós em nossas casas.

Quando as suas lanças os trespassaram,

pessoas piedosas recolhiam seus corpos caídos naquele chão,

campo de batalha.

Eles foram enterrados aqui mesmo,

todos receberam as honras de funeral a que têm direito,

na terra de seus antepassados.

Suas esposas vestiram luto

e Troia inteirinha chorou por eles.

(*para Hécuba*)

Gratidão aos gregos!

Heitor era apenas modesto e gentil.

E eles o tornaram herói, contra a sua vontade:

ele matou inúmeros deles com as próprias mãos.

Seu nome será repetido com respeito nos séculos que estão por vir.

Glória aos defensores da pátria!

Mas os outros, os conquistadores,

os que lutaram a guerra de maneira suja e nela morreram,

conseguiram fazer sua morte ainda mais estúpida do que a vida

miserável que tiveram.

(dirigindo-se às troianas)
Levantem a cabeça e fiquem orgulhosas,
deixem comigo a vingança dos seus homens,
meu casamento será a perda de cada um desses carrascos.

UMA MULHER
Eu bem que gostaria de acreditar em você,
Cassandra!
Saiba que, na verdade, eu invejo você, essa sua risada louca e
o seu semblante desafiador.
Mas olhe para nós
e olhe para você!
Você canta, você grita,
e depois disso?
São apenas palavras.

TALTÍBIO
Estas palavras lhe custariam caro
se elas fossem verdadeiras.
(dizendo a si mesmo)
Entretanto, vejam! Nós adoramos os grandes,
achamos que eles são sábios,
mas, para finalizar, digo: eles não são melhores do que nós.
O poderoso rei de Argos
decidiu amar essa mulher louca,
já eu, mesmo sendo pobre diabo,
nem por todo ouro do mundo iria querê-la.

Vamos, linda noiva, junte-se a nós!

Rimos, choramos ou resmungamos.

Você ouviu bem o que os seus comparsas disseram!

Palavras! Nada mais do que palavras.

(*para Hécuba*)

Prepare-se, pois virei buscá-la

assim que Ulisses me der a ordem.

Você vai ter um bom lugar lá,

será a doméstica de Penélope, ela é

uma dama clemente. Pelo menos é o que se diz.

CASSANDRA

Doméstica?

Só vejo uma pessoa aqui nessa condição, é você.

Você, empregadinho de alta corte, sem vergonha e subserviente!

Você tem noção do que está dizendo?

Minha mãe não irá de jeito nenhum para Ítaca.

Apolo me garantiu que ela vai falecer aqui mesmo.

TALTÍBIO

O quê?

Eu não gostaria de ver isso!

Um suicídio aqui vai me ferrar...

CASSANDRA

Quem falou em suicídio?

TALTÍBIO

E como isso poderia...?

CASSANDRA

Como? Hein, como?
Eu sei, mas não vou lhe contar.
Quanto ao seu bem comportado Ulisses,
com aquela língua delicada,
o pobre homem não sabe o que o está esperando.
Serão mais dez anos de dor!
Dez anos iguaizinhos aos que nós acabamos de viver aqui,
cheios de barro, cheios de sangue,
antes que ele chegue de volta a Ítaca.
Está tudo pronto. Estão lhe esperando no mar.
Em primeiro lugar, o Ciclope, gigante canibal
que aguarda a sua parte em carne fresca no alto de um rochedo.
Depois, Circe, que transforma os seres humanos em porcos,
os comedores de lótus e seus nenúfares,
além de Caríbdis e Cila, as ninfas que se tornaram mons-
tros marinhos
de todos os portos,
todos assassinos sedentos de sangue e vida.
Quanta coisa boa você ainda vai ter que conhecer!
Oh! O gosto salgado dos naufrágios, como vais degustar isso!
Somente por milagre e por um triz vais escapar da morte
e, por fim, descerás aos infernos,
e podes crer que lá irás encontrar os nossos, esperando-o!
Como ele vai sofrer!

Mais de uma vez, eu vos juro, ó troianas,

ele vai ficar com inveja das dores de vocês.

(ela parece estar descrevendo uma visão)

Muito bem. Cá está ele voltando do Hades,

e quando colocar o pé na sua ilha,

o seu lugar estará ocupado por outro.

(com sua excitação profética diminuindo)

Mas por que falar de Ulisses?

O que temos a falar com ele?

(para Taltíbio)

O que está esperando?

Estou doida para unir-me a meu noivo,

para o melhor e o pior,

na alegria e na tristeza

(na saúde e na doença).

Mas não! Para o pior e para a tristeza somente, sempre.

Hímen, Himeneu![22]

nosso casamento será um inferno!

Rei dos reis,

generalíssimo,

não conte com o enterro num dia de sol.

---

[22] Expressão clássica de saudação ao casamento muito usada na herança grega do Ocidente. Segundo a lenda e o senso comum "esse deus menor era filho de Dionísio, deus do vinho e da fertilidade, e de Afrodite, deusa do sexo e da beleza. Outra versão afirma que ele era filho de Apolo, deus da beleza e da música, e de uma das musas, provavelmente Calíope, musa da poesia épica e da eloquência." De toda maneira, o mito de Himeneu está intimamente relacionado ao casamento e constitui um dos poucos episódios não trágico no mundo grego. "Não está claro se a palavra "hímen", que corresponde à membrana presente no orifício vaginal de mulheres virgens, vem do nome desse deus ou se o nome do deus foi criado a partir dessa palavra. Muito provavelmente, o correto seja a segunda opção." (N. do T. retirado de https://amenteemaravilhosa. com.br/o-mito-de-himeneu/ Acesso em: 10/11/2023).

AS TROIANAS

A noite é que vai lhe abocanhar o corpo.

Nem visto, nem falado.

Seu corpo será jogado numa vala comum.

Hímen, Himeneu,

junto dele estará o meu cadáver inteiramente nu,

e os urubus nos devorarão ambos os corpos,

você, o Rei,

Eu, a sacerdotisa de Apolo,

unidos pela morte

e pelas bicadas das aves de rapina.

Adeus, meus turbantes,

adeus meus vestidos finos e minhas fitas coloridas,

adereços dos meus êxtases,

arranco-vos deste corpo

enquanto ainda está puro.

Recolha-os, ó brisa rápida,

e leve-os ao deus de amor,

o Sol.

Onde é mesmo que devo embarcar?

Sou a morte.

Coloquem uma bandeira negra

no mastro do navio que me levará.

Adeus, minha mãe.

Fique calma, logo a morte virá te libertar,

e vocês, irmãos queridos adormecidos debaixo da terra.

Ó Rei Sol, meu pai, que me deu à luz,

estou indo,

não vou demorar muito tempo
a chegar na morada de vocês,
vitoriosa,
à frente do cortejo dos malditos
Átridas que os mataram
e que vão matar-se entre si,
cortando suas próprias gargantas.
Hímen, Himeneu.
(nesse momento, tomam-na delicadamente e levam-na)
Gritos incoerentes de lamento: Uhu, uhu!
Hímen, Himeneu.
(ela desaparece. Hécuba desfalece)

Figura 5 – Soldados gregos jogando damas no intervalo da guerra

Fonte: Pinterest, NING Interactive Inc (ca. 2023)[23]

---
[23] Disponível em: https://br.pinterest.com/pin/207236020326762188/. Acesso em: 10 nov. 2023

CENA VI

Hécuba, o Coro

CORIFEU

Hécuba caiu sem pronunciar um suspiro!

Vocês a estão abandonando?

Ela ainda é a rainha.

Vamos lá: ergam-na!

(*imediatamente, as mulheres a levantam.*)

HÉCUBA

Eu não queria a ajuda de vocês

e não vos agradeço.

O que gostaria mesmo era de me integrar aos grãos da terra

e me fundir com sua inconsciência inerte.

Uma vez que (me entendem?) nós somos almas imóveis,

não podemos fazer mais nada

a não ser esperar e sofrer as consequências que se abatem

sobre nós.

Inertes, porém, ai de nós, conscientes.

O CORO

Ó rainha, clamemos aos deuses!

HÉCUBA

(*furiosa*)

Não!

São aliados traidores.

Calemos a boca.

O CORO

O silêncio nos apavora.

HÉCUBA

Vamos, parem de reclamar,

e nos lembremos do nosso último dia de felicidade.

O CORO

(*com vozes alternadas*)

Foi ainda ontem que aconteceu.

Nosso último dia de felicidade,

que foi para Troia o começo da morte.

Na manhã daquele dia, do alto das muralhas,

de onde se via a praia e o mar,

desertos a perder de vista:

os gregos haviam queimado suas tendas,

sua frota de navios desapareceu.

No meio da planície, sozinho,

havia um grande cavalo de madeira sob quatro rodas,

do qual a selaria em ouro e prata cintilava.

Todo o povo troiano

reunido no rochedo da cidadela

gritava: "Acabou! Foram embora!

– os gregos suspenderam o cerco –

O tempo do nosso sofrimento passou!

Icem esse ídolo de madeira na Acrópole Troiana!

Vamos consagrá-lo à deusa Palas Atena,

a insigne filha de Zeus

que nos perdoou".

As pessoas gritavam e cantavam.

A multidão abraçava-se nas ruas,

velhos e virgens,

nos portais de suas casas,

perguntavam: "O que está acontecendo?".

E nós respondíamos: "O que há é a paz".

Amarraram tal ídolo com fortes cordas

para levá-lo ao templo de Atena.

Eu também fui até lá como as outras.

Eu puxei, empurrei, penei.

O trabalho (de empurrar o cavalo colina acima)

só acabou quando caía a noite,

e fomos cantando vitória madrugada adentro

ao som das flautas da região Lídia,

e depois, nas casas, uma a uma,

apagaram-se as deslumbrantes luminárias,

havia tochas incandescentes nas ruas.

Nós outras, esgotadas pelo esforço da alegria,

cantávamos mais e mais, na sombra

e no silêncio dizíamos baixinho: "A paz! É a paz!".

Foi assim que terminou o último dia de Troia,

nosso derradeiro dia de felicidade.

O CORIFEU

A pior mentira é a felicidade.

Somos fascinados pelas aparências

sem ver a mosca imunda que ela esconde.

Foi por volta da meia-noite, os nossos cantos ainda

subiam aos céus,

quando,

do alto da Cidade Alta

até os últimos casebres da Cidade Baixa,

o grito de morte

desabou sobre nós.

Era a guerra que voltava,

e a deusa Palas, com toda a sua dureza, não perdoou nada
nem ninguém.

Os gregos, saindo do seu covil, infame esconderijo,

degolavam nossos homens e matavam todos os nossos meninos.

Assim se fechava nosso último dia de felicidade

e começava o primeiro dia da nossa desafortunada morte.

HÉCUBA

Troia não foi conquistada,

os troianos não foram vencidos,

uma deusa os entregou,

pérfida e rancorosa como só sabe ser uma mulher.

O CORO

Majestade, olhe. Uma carruagem de fogo!

(*Hécuba permanece indiferente*)

CENA VII

Hécuba, o Coro, Andrômaca, uma mulher

UMA MULHER

Olhe! Olhe! Lá vai Andrômaca, sua nora,

a mulher de seu filho Heitor.

Está carregando o pequeno Astíanax nos braços.

(*dirigindo-se à Andrômaca:*)

Para onde o estão levando?

ANDRÔMACA

Para a casa do meu novo senhor.

(*finalmente, Hécuba se vira, olha Andrômaca sem simpatia e fixa o olhar no pequeno Astíanax*)

HÉCUBA

Oh! Desgraça! Oh! Que grande desgraça!

ANDRÔMACA

Por que a senhora está gemendo assim?

A aflição é minha.

HÉCUBA

É nossa.

ANDRÔMACA

Não, senhora.

HÉCUBA

Vocês não são todas minhas crianças?

ANDRÔMACA

Éramos.

HÉCUBA

Cubro-me de luto por todos os meus filhos.

ANDRÔMACA

E eu apenas por Heitor, meu marido.

HÉCUBA

Chore sobre as cinzas da nossa cidade, que ainda está fumegando.

ANDRÔMACA

Choro somente pela cidade de Heitor.

HÉCUBA

Sobre a nossa casa real.

ANDRÔMACA

A casa na qual tornei-me mulher,

onde dei à luz a Astíanax.

HÉCUBA

Ela se consome, queimou-se inteirinha, desmancha-se.

Tudo vai desmoronar.

ANDRÔMACA

Por culpa sua.

Você engendrou Páris, o aventureiro.

Os deuses sabiam que se tratava de um monstro.

Eles lhe deram a ordem para matá-lo.

Você não quis obedecê-los, agora recebe o castigo,

e nós outros, os inocentes,

que nada temos a ver com o seu erro,

ajudamo-la a suportar a punição.

Pode ficar tranquila e orgulhosa: foi por amor de uma mulher

– foi realmente por amor? –

que seu filho destruiu Troia.

Palas ri de satisfação.

Aos pés da estátua dela

jazem os cadáveres de nossos homens;

acima da Acrópole

os urubus sobrevoam tudo

e nós nos tornamos escravas!

HÉCUBA

(*abalada pela dor, esconde o rosto com as mãos*)

Príamo, meu esposo, meu senhor,

saia do Hades, os infernos,

diga-lhe que ela está mentindo! Venha me proteger.

ANDRÔMACA

Ó Heitor, meu homem do pulso forte,

que foi sacrificado por nada,

nobre vítima dos crimes de seu irmão,

venha me salvar

ou me vingar.

(*ela se recompõe. Com mais doçura, porém sem ternura*)

Velha, ouça-me: nunca gostei de você,

pois você nunca foi bondosa comigo.

Mas lamento profundamente a sua desgraça.

(*dá um tempo*)

Polixena está morta.

HÉCUBA

Morreu? Polixena se foi?

Como sou covarde e burra!

Era isso que Taltíbio queria me contar

e eu não me permiti entender.

Morta! Como foi isso?

ANDRÔMACA

Degolada sobre o túmulo de Aquiles.

(*dá um tempo*)

Vi seu corpo e aí deixei a carruagem

para cobri-la com meu chale negro.

HÉCUBA

Degolada sobre um túmulo,

como se fosse uma cabrita,

um cordeiro,

ou como um boi

em sacrifício!

Morte infame!

ANDRÔMACA

Infame, não.

Ela morreu. Isso é tudo.

Está mais feliz do que eu que estou viva.

HÉCUBA

Mas minha filha, o que você está dizendo?

No entanto você sabe muito bem: a morte é um nada.

Quando se está vivo, mesmo na vida mais miserável,

sempre resta a possibilidade da esperança.

ANDRÔMACA

Que furor de vida vejo em ti!

Você bem que sabe:

perdeu tudo,

seus filhos estão mortos

e seu ventre é velho demais para dar à luz a outros.

Não. Acabou-se a esperança. Melhor assim.

Não se agarre a ilusões perdidas,

solte a presa, deixe-se levar, sofrerá menos assim.

De fato, a morte é o vazio.

O nada é como uma calma eterna.

Escute o seguinte: Polixena, na verdade, nunca nasceu.

Morta, não se dá conta de nada,

o silêncio e o ruído,

a luz e a noite,

a felicidade e a desgraça,

AS TROIANAS

esqueceu-se do que sofreu;

aliás, nunca soube.

Quanto a mim, sofro e sei.

Apliquei-me a desempenhar perfeitamente

meus papéis de esposa, princesa e mãe.

Nós, mulheres, independentemente do que façamos,

se estamos fora de nossas casas,

só prestamos para prostituição ou para a mendicância.

Por causa disso nunca saí da minha.

Jamais as paredes me ensinaram algo

além de um supérfluo catecismo feminino.

Eu sabia dedicar ao querido Heitor

meus olhos calmos,

uma presença silenciosa.

Quando era necessário sabia resistir a ele,

Mas quando também era necessário sabia me deixar convencer.

Minha honestidade saía sempre do fundo do meu coração

e não tinha outro guia senão a minha consciência.

Está vendo, velha rainha, eu só buscava a felicidade dele

e, para mim, somente a fama de uma esposa perfeita.

Ai de mim! Foi minha glória que me perdeu,

a notícia de minhas virtudes chegou até os gregos.

O assassino de Heitor deixa um filho, Neoptólemo,[24]

---

[24] Esse personagem, que também era chamado de Pirro, na vitória grega ficou encarregado de matar Príamo, Políxena e Astíanax. Terminada a guerra, levou Andrômaca, esposa de Heitor, para o seu reino, Épiro, como escrava. Milênios depois, Racine, na França, escreveu sua famosa peça *Andrômaca*, dando sequência a essa história pós-destruição de Troia, argumentando que a criança morta não era o príncipe Astíanax, mas um sósia dele que havia sido colocado no berço, além do mais, nessa peça, Pirro apaixona-se por Andrômaca. Por sua literariedade, essa obra tornou-se célebre e representativa no Classicismo francês no século XVII.

que agora me conclama à sua cama.

Realmente, a coisa que menos quero na vida

é que o rosto amado de meu marido

se apague da minha memória.

Repugnam-me

aquelas mulheres que desprezam

os primeiros prazeres da sua carne.

Ficam parecendo as éguas que recusam ser cobertas pelo macho

e, no entanto,

estamos falando de animais.

Quanto a mim...

Dizem que uma única noite de prazer

é suficiente para conquistar uma mulher.

Seria necessário que eu me desprezasse?

Ou que fosse suplicar os carinhos do meu novo marido?

Ó Heitor, que eu amava tanto, e amo ainda,

não conheci outro homem senão você.

Adorava a sua força, a sua coragem, a sua sabedoria,

gostava quando suas mãos cingiam o meu corpo;

por piedade faça que eu não tenha que gemer (de prazer) em outras mãos.

Ah! Polixena é que foi feliz!

Assassinada,

mas ainda virgem.

Levem-me daqui, escondam-me, pois

meu corpo me dá asco e piedade!

(*dirigindo-se a Hécuba:*)

Que grande mentirosa você é quando afirma que a vida é esperança! Não é?

Muito bem, olhe para mim, estou viva, porém a minha esperança
está morta,
uma vez que sei o que está me esperando.

CORIFEU
Você é uma princesa, mas nós nos parecemos com você,
somos seus iguais.
Ao desfiar suas misérias
suas palavras aumentam a nossa dor.
Pobre de todos nós!

HÉCUBA
Quando o mar está revolto
o marinheiro luta com bastante garra.
No entanto, quando o mar se torna violento e revoltado demais,
ele se deixa levar pelas ondas
e se entrega ao destino.
Olhem para mim.
Meus infortúnios estão além das minhas forças.
Eu também deixo-me levar pelas ondas.
Calo-me e espero.
Heitor está morto, minha cara.
Seus lamentos não irão ressuscitá-lo.
Esqueça-o.
Em nome daquelas virtudes que ele tanto amava em ti
e das quais você tem tanto orgulho
procure agradar ao seu novo marido.

ANDRÔMACA

Você! A velha.

Você, a mãe do Heitor,

está me dando conselhos de alcoviteira?

Que nojo!

HÉCUBA

Faça isso por teu filho,

por Astíanax, filho do meu filho,

príncipe de Troia e

o último da sua raça,

a fim de que um dia, em seu nome ou dos seus filhos,

possa levantar de novo essa cidade morta,

fazendo-a renascer, além de nos vingar.

O destino de nossa família está agora nas suas mãos.

(*Taltíbio chega*)

O que está acontecendo aqui?

CENA VIII

Os mesmos e Taltíbio

TALTÍBIO

(*dirigindo-se a Andrômaca*)

Não me odeie.

ANDRÔMACA

O que você está dizendo?

TALTÍBIO

Eu sou apenas um mensageiro.

Comunico-lhe com pesar

as novas decisões que foram tomadas pelos meus senhores.

ANDRÔMACA

Seja claro. Vá direto ao ponto.

Parece até que você está com medo de falar.

TALTÍBIO

É sobre o seu filho...

ANDRÔMACA

Vão nos separar?

TALTÍBIO

De certa maneira, sim.

ANDRÔMACA

Não vamos ficar juntos com o mesmo senhor?

TALTÍBIO

É que não haverá senhor algum.

ANDRÔMACA

Ele vai ficar aqui?

TALTÍBIO

Eu gostaria de amenizar a notícia que vou lhe transmitir, mas
não posso.

ANDRÔMACA

Não me importo com os seus pruridos.

Faça o seu trabalho de serviçal.

TALTÍBIO

Vão matá-lo.

*(há um momento de silêncio. Andrômaca aperta a criança contra
si e olha para seu interlocutor, que continua a falar com alguma
precipitação)*

É deliberação de Ulisses.

Ele disse diante da assembleia dos gregos:

"Se deixarmos o príncipe herdeiro de Troia vivo,

o filho do poderoso Heitor,

iremos enfrentar grandes problemas no futuro".

Todos eles lhe deram razão.

(outro tempo)

Não o segure tão forte.

Entregue a criança para mim.

(*ela resiste e se afasta*)

Vamos! Entregue-me logo ele.

Você acha que pode fazer alguma coisa?

Sua cidade e o seu marido desapareceram da Terra.

Você está sob nosso poder.

Será que eu vou ter que arrancá-lo de ti à força?

Você acredita que o exército grego terá problema para

vir até aqui e passar uma mulher ao fio de espada?

Curve-se às ordens que estão sendo dadas,

seja digna na sua desgraça.

O que está faltando, ó deuses,

para que essa mulher nos entregue essa criança?

Ouça-me bem: não atraia pra você a ira

ou, quem sabe, a vergonha.

Se você irritar os militares,

seu cadáver vai ser entregue aos urubus,

mas caso seja sensata,

talvez lhe deixem enterrar a criança

e os nossos generais passarão a ter um olhar condescen-
dente sobre ti.

ANDRÔMACA

(*aos soldados*)

Não toquem nele por enquanto! Está bem, vou entregá-lo.

Mas me deem um instante.

(*os soldados afastam-se sem deixar de vigiá-la atentamente
com os olhos*)

Mon petit!

AS TROIANAS

Você vai nos deixar,

você vai morrer. Sabes por quê?

Seu pai foi um grande homem.

As virtudes dele serão a causa de tua morte.

Mentiram para mim no ano passado.

Disseram-me que eu carregava no ventre

o futuro rei da Ásia,

terra das colheitas abundantes,

mas dei à luz a uma pequena vítima e entreguei aos gregos um
menino mártir.

Não chore! Solte a minha roupa

com essa mãozinha e seus dedinhos crispados.

Será que você está entendendo o seu destino?[25]

(*bruscamente*)

Ó Heitor, saia da terra,

retome a sua lança.

Mate-os, salve teu filho!

(*depois de um tempo*)

Ele não voltará.

Está morto.

Permanecemos sozinhos

nós dois, meu tesouro.

Na verdade, não sou muito forte

e não darei conta de resistir muito tempo.

---

[25] Os horrores da guerra repercutem destrutivamente em todas as épocas e lugares. Trata-se, aqui, de uma situação limite, altamente trágica, devido à guerra. Por exemplo, esse tema será retomado em 1979, pelo escritor estadunidense William Styron, no romance intitulado A *escolha de Sofia*. Essa obra foi adaptada para o cinema, em 1982, por Alan J. Pakula, que tal como aconteceu com o livro, fez muito sucesso. Tudo como dantes no quartel de Abrantes. O sofrimento das pessoas é o mesmo apesar da passagem dos séculos, dos distintos contextos e das mudanças espaciais.

Eles vão te pegar
e te jogarão do alto das muralhas
com a cabeça para baixo.
(*dando um grito*)
Ai, ai, ai!
(*depois de um tempo*)
Corpo, meu querido corpo,
por que ainda estás vivo?
E estás tão perfumado?
(*beijando-o*)
Eu era uma mulher cheia de mim quando estava te amamentando.
Se eu tivesse sabido,
eu o teria sufocado naquele momento
com as minhas próprias mãos,
beijando-o.
Beije-me você,
abrace-me bem forte,
beije-me na boca.
(*ela levanta-se*)
Ó homens da Europa,
que desprezais a África e a Ásia,
a quem, me parece, chamai de bárbaros.
Mas quando com a vossa pequena glória e a cupidez
vocês se acercam de nós,
roubam, torturam e massacram.
então quem são os verdadeiros bárbaros?
E vocês, seus gregos de merda, tão orgulhosos da sua humanidade,
onde vocês se colocam?
Pois vou dizer-lhes: nenhum de nós

teria se atrevido a fazer com uma mãe

o que estão fazendo comigo,

na calma e com consciência tranquila.

(*violentamente*)

Bárbaros! Isso é o que vocês são. Bárbaros!

Vocês estão matando o meu filho por causa de uma puta.

(*os soldados arrancam-lhe a criança dos braços*)

Vergonha minha que não tenho forças para defender meu filho.

Que os filhos de Ulisses sejam malditos para sempre.

TALTÍBIO

(*dirigindo-se aos soldados*)

Levem-no. Em seguida, vou unir-me a vocês no alto da muralha.

(*falando consigo mesmo:*)

Que missão mais desagradável me deram!

Bem que poderiam ter me poupado desta.

Eu também tenho um coração.

Mas, enfim, guerra é guerra.

HÉCUBA

Ai, ai, ai!

Filho do meu filho,

última esperança da minha raça,

eu tampouco nada posso lhe oferecer

a não ser esses gestos em que bato na minha cabeça

e no meu peito, ambos ressequidos.

Adeus.

(*retiram Andrômaca de cena*)

Figura 6 – As consequências da guerra, de Rubens

Fonte: Web Gallery of Art (2009)[26]

---

[26] Disponível em: https://www.wga.hu/art/r/rubens/30allego/06allego.jpg. Acesso em: 10 out. 2023

CENA IX

*Hécuba, o Coro
(no amanhecer)*

O CORO

(*depois de fazer um longo silêncio*)

Ó aurora!

Pela segunda vez o sol amanhecendo ilumina

nossa cidade em chamas.

Pela segunda vez

ela ilumina nosso litoral cheio de

invasores vindos da Grécia

para destruir nosso país.

A primeira vez – e isso foi há muito tempo, muito tempo! –

Télamo reinava em Salamina.

É uma ilha num mar cercado

por um enxame de abelhas.

Fica perto de Atenas,

a cidade de Palas,

a qual reluz como óleo no sol.

A ilha inclina-se delicadamente

para as santas Colinas da Ática,

lugar em que Palas Atena, um dia,

criou o primeiro ramo de oliveira.

Foi daí que os gregos vieram

pela primeira vez

para destruir nossa cidade

e colonizar a Ásia.

Naquela época eles invejavam as nossas colheitas,

aqueles povos da Europa

já odiavam nossa raça

e nos chamavam de selvagens,

eles, que são impiedosos.

Foi naquela vez em que seus navios aportaram na nossa baía,

foi a vez em que nossas muralhas foram queimadas,

o rei de Troia foi assassinado por eles,

e, no entanto, foram embora

sem tomar posse das nossas províncias.

É que naquela época estávamos muito protegidos pelos deuses.

Eros, o doce tirano

dos seres humanos e dos céus,

estava do nosso lado.

Ele acendia a aurora com suas asas brancas,

louco de amor por um dos nossos,

o Titã que era irmão do nosso rei morto;

e a Aurora repartiu seu leito com ele

e também a sua imortalidade.

Por seu lado, Zeus apaixonou-se também por um menino

de nossa raça, o belo Ganimedes,

e fez dele o seu favorito.

Nosso povo consertou rapidamente as muralhas

e a prosperidade voltou rapidamente,

pois, naquela época, os deuses nos abençoavam.

Aurora, doce Aurora,

eis você de volta, como ontem e como amanhã,

leve e solta.

Agora os gregos voltaram,

nossas casas foram incendiadas,

nossos homens foram mortos.

Nas valas comuns cheias de cadáveres

nós nos prostramos,

como pássaros pretos do luto.

Mas a sua bela e serena luz

acaricia amorosamente

as ruínas e as poças de sangue.

Titã, filho de Troia, onde estás?

Sem dúvida, ao lado dela,

em sua carruagem de deusa,

como convém a um par bem-casado.

O que você está esperando? Venha nos salvar!

(*dá um tempo*)

Não estou vendo nenhum movimento.

Não estou ouvindo nenhuma resposta.

No entanto, outrora, fazias

como convinha a um jovem deus

recentemente admitido na eternidade.

Atualmente, você se acostumou com a situação

e enxerga o nosso sofrimento

com a calma implacável dos imortais.

E você, lindo Ganimedes,

com delicadeza leva as ânforas transbordantes de vinho

até o seu amo

e o derrama em sua taça de ouro.

Vives muito ocupado, não é?

Para cuidar ou dar uma olhadela

no que está acontecendo na terra.

(*gritando*)

A sua raça vai desaparecer!

Estão literalmente matando Astíanax.

Titã! Ganimedes! Socorro!

(*dá um tempo*)

A alvorada está horrivelmente linda

e os deuses acabaram de nos abandonar.

(*todos os participantes do Coro se jogam no chão. Menelau entra*)

CENA X

Os mesmos, Menelau e depois Helena

MENELAU

Que lindo dia!

Prazeroso!

Ó sol, ilumina com todo o seu fogo esse dia abençoado.

Ela está ali,

naquela tenda,

cativa e prisioneira, junto com as troianas,

aquela infiel!

Vou pegá-la de volta

E ela vai pagar!

Finalmente!

Vou dizer-vos que sou o rei Menelau,

famoso por seu infortúnio.

As más línguas, lá na Grécia,

dizem que fui eu quem deslanchou essa carnificina

por causa de uma mulher.

Pelo amor dos deuses!

Na verdade, mobilizei o exército grego

para justiçar um homem.

Páris, aquele lixo, foi bem-recebido no meu palácio

e para me agradecer

fugiu pelo mar com a minha esposa.

Graças aos deuses, esse sujeito

já sofreu o devido castigo

e a sua cidade também já foi punida.

Quanto à... Quanto à grega

– não consigo articular seu nome,

pois foram dez anos sem poder pronunciá-lo,

a voz fica embargada –,

neste momento o exército me deixou escolher:

posso matá-la imediatamente, aqui, em Troia,

pois foi ela que escolheu ser troiana,

ou a levo até Esparta

e ali acerto as contas com ela.

Decidi, então, levá-la comigo.

Quero mantê-la em meu poder ainda por algum tempo.

Depois da viagem marítima vou entregá-la

às viúvas, aos órfãos,

às mães desoladas

dos gregos que caíram

nesta terra bárbara.

Lapidada! Esse será seu fim.

(*aos seus soldados:*)

Podem ir buscá-la!

Que ela seja trazida aqui puxada pelos cabelos,

cabelos infames,

sujos de carinhos indignos,

e, no entanto, tão bonitos!

Podem jogá-la aos meus pés, bem aqui.

Em seguida, levantaremos vela

e aguardaremos o vento favorável.

HÉCUBA

Já não era sem tempo.

(*depois de um instante*)

Você,

o desconhecido,

o irreconhecível,

o onipresente,

que é capaz de estar lá no alto,

no teto do universo,

e de aterrissar no submundo

para receber, no meio do vazio,

apertando-o em seus braços,

o próprio Zeus,

que você seja

aquilo chamado Lei da natureza

ou Razão humana,

enfim, que possamos acreditar em ti.

Eu creio! Acredito na sua justiça,

creio alegremente na única que me resta,

creio que você fará justiça punindo os malignos!

MENELAU

Que pedido esquisito! Quem é você?

HÉCUBA

Hécuba, rainha de Troia.

MENELAU

Então eu te conheço?

HÉCUBA

Você quer punir a Helena, não é mesmo?

MENELAU

Sim, é o que mais desejo.

HÉCUBA

Se eu bem entendi, você quer matá-la?

MENELAU

Exatamente! É isso mesmo!

HÉCUBA

Sendo assim, digo que Zeus é justo
e que você está certíssimo.
Mas não olhe para ela!

MENELAU

Eu quero me encontrar com ela.
Já se passaram dez anos desde a última vez em que a vi.
Ela deve ter envelhecido, a orgulhosa Helena.

HÉCUBA

Ela não envelheceu
e você sabe muito bem disso.
Esse tipo de mulher envelhece tarde e de repente.
Por causa de seus lindos olhos de morte,

os homens até agora não pararam de se matar

nem as cidades cessaram de queimar.

(*Helena sai da tenda*)

Ei-la aí. Vá embora sem olhar para ela,

pois mesmo que o seu desejo tenha se tornado cinzas,

ela vai reacendê-lo.

Menelau, ela quer te pegar de volta!

MENELAU

Aham! Aham!

(*ele se vira e quase esbarra em Helena.*)

Soltem-na.

HELENA

Ó rei, meu esposo,

teria sido necessário usar a violência

para me trazer de volta até você?

Eu te vi e vim correndo em sua direção.

Você me odeia, penso.

E eu estava só te esperando.

Vejo que não mudou nada.

(*dá-se um tempo*)

Quero te fazer uma pergunta,

apenas uma:

o que eles farão comigo?

MENELAU

Farão o que eu mandar.

O exército me deixou escolher:
decidi pela sua morte.

HELENA
Está bem.
Que seja feita a tua vontade.
Mas, por favor, primeiro deixe-me esclarecer.

MENELAU
Você não vai explicar nada,
vais morrer e ponto final.

HELENA
Por acaso tens medo do que eu vou dizer?

MENELAU
Você é que sentirá medo. Um grande medo.

HÉCUBA
Muito bem, agora o mal está feito: você olhou para ela.
Independentemente do que ela disser, já que ela quer tanto,
vou lhe responder.
Você saberá os crimes que ela cometeu.
Por causa dela, aqui, entre nós, primeiro colocando os troianos
contra os troianos.
Vou enfiar os argumentos dela garganta abaixo
e te transmitirei a coragem que necessitas para executá-la.

MENELAU

Estamos perdendo o nosso tempo.

Deixe-a falar!

Mas para o seu bem, velha, que eu dê o consentimento

para que ela não imagine

que me deixei seduzir pelos encantos que possui.

HELENA

(colocando-se de frente a Menelau)

Não se acanhe,

olhe para mim,

tenha coragem de encarar a sua vítima.

Sabes que seria um crime me matar?

Você acha que eu sou sua inimiga,

mas é o contrário, você que é o meu.

Eu, ai de mim! Estou longe de te odiar.

Se você soubesse...Espere,

preciso organizar os meus pensamentos.

Consigo adivinhar as acusações que fizeram contra mim

e quero responder tim-tim por tim-tim.

Mesmo que minhas razões pareçam boas ou ruins para você,

seja homem e me escute. Só depois responda.

(passa um tempo)

Você quer encontrar um culpado?

Muito bem, pegue esta velha.

A verdadeira causa dessa balbúrdia é ela.

Páris saiu de seu ventre.

Os deuses previram que esse alcoviteiro
Tornar-se-ia um fazedor de guerra – e que guerra!
Eles ordenaram que ela o matasse. Ela obedeceu?
Não. Nem ela, nem seu cúmplice, o rei Príamo,
que era bom, mas de caráter bem fraco.
Aí está todo o problema: é uma fatalidade, estás vendo.
Vejamos: Páris, com vinte anos, escalou o monte Ida;[27]
ali encontrou três deusas que o elegeram juiz da seguinte questão:
"De nós três, qual é a mais bela?".
Você sabe o que Palas lhe ofereceu
para comprar o seu voto?
Pois eu lhe digo: simplesmente toda a Grécia. Com o
apoio de Atena
ele a teria conquistado num átimo.
E Hera disse: "Se eu ganhar eu lhe dou a Ásia inteirinha
e os confins da Europa".
Já Afrodite, em caso de vitória, não ofereceu nada,
apenas eu. Ela me descreveu e foi a escolhida.
Que bela chance vocês tiveram!
Caso ele tivesse preferido uma das duas outras deusas,
um exército troiano teria arrancado a Grécia do mapa.
Sem este corpo, que você entregou aos seus homens para
ser usado,
você estaria sob o julgo de um asiático.

---

[27] Montanha localizada na ilha de Creta, constituindo o ponto mais alto do relevo grego. Foi por muitos séculos considerada a montanha sagrada, na qual havia nascido Zeus. No entanto existe um segundo Monte Ida situado perto de Troia e, conforme a lenda, serviu de palco para a encenação realizada por Páris, filho de Príamo e Hécuba. Ele deveria escolher entre Hera, Afrodite e Atena, qual delas seria a mais bonita entre as deusas (N. do T.).

Na verdade, você deveria me coroar com louros.

Graças a mim, Troia nunca mais irá incomodá-los

e a rota da Ásia ficou aberta definitivamente para vocês.

Entretanto a felicidade de vocês foi a minha desgraça.

Nessa história, a vítima sou eu.

Afrodite me sacaneou.

Ó beleza, beleza, minha glória,

você se tornou a minha vergonha.

MENELAU

Por que você foi embora,

mulher indigna?

HELENA

Alto lá! Foi você que foi embora, meu querido!

Oh! O mais inconstante dos maridos,

trocou Esparta por Creta

e me deixou cara a cara

com o seu hóspede, aquele maldito.

MENELAU

Mesmo assim,

você bem que poderia ter resistido.

HELENA

Eu, simples mortal,

devo resistir à deusa Afrodite?

AS TROIANAS

Será que mesmo você daria conta?

Veja só: por que não punir a ela pelo que me fez?

Assim ficarias mais forte do que o rei dos deuses,

uma vez que Zeus é escravo dela, aliás, como todos nós.

Então por que eu me ausentei?

Aí está uma pergunta que me coloquei várias vezes.

E a resposta é sempre a mesma: não sei.

Na verdade, a que fugiu é *uma outra*,

tratava-se de mim e, ao mesmo tempo, não era eu.

Afrodite estava escondida no seu palácio,

invisível, atrás de Páris:

foi ela que me levou.

Mas ouça bem: enquanto Páris viveu

Afrodite me conectou a ele;

impossível romper esses liames odiosos e, ao mesmo

tempo, sagrados.

Porém, logo que ele morreu, eu fiz de tudo para reencontrar você.

À noite, eu subia nas muralhas

e jogava cordas entre as ameias.

Pretendia descer até o chão

e correr para as tendas dos gregos

a fim de encontrar você.

As sentinelas são provas disso,

pois, ai de mim, sempre me pegavam de volta.

É que outro homem vigiava

outro filho da velha:

Dêifobo, irmão de Páris,

que me sequestrou com violência

e me manteve prisioneira

contra a minha vontade,

contra a sua também,

contra a de todos os troianos.

Aí está a minha triste história:

sempre fui presa do destino,

sequestrada, casada à força com um homem detestável,

mantida contra a minha vontade numa cidade estrangeira,

salvei minha pátria pagando o preço da minha honra,

e estão justamente aí, esperando-me para ser morta a pedradas.

Odiada pelos gregos,

detestada pelos troianos,

sozinha no mundo,

ninguém me entende.

Diga-me, meu esposo, você está seguro de me condenar à morte?

Eu, que fui levada à Troia por ordem superior?

Caso você não me devolva às minhas prerrogativas,

na nossa cama

e também no trono,

você estará desvairadamente insultando aos deuses.

HÉCUBA

Os deuses! Eles têm as costas largas!

O CORO

Coragem, ó, rainha!

Essa mulher é perigosa.

Ela agiu mal, mas fala muito bem.

Corte o efeito dos seus belos discursos.

HÉCUBA

Você está querendo nos dizer que as deusas

são mulheres loucas,

dominadas por seus corpos,

como você?

Seriam elas capazes de entregar suas santas cidades

para corromper o jurado de um prêmio de beleza?

Hera, por exemplo, seria capaz de dar a cidade de Argos, seu

santuário?

Atena ofereceria a sua querida Atenas para os troianos?

Elas só se divertiam com a cara dele? Me engana que eu gosto!

É verdade que todas elas são faceiras, é verdade,

mas jamais levariam a sério esse concurso.

Hera bem que poderia ser a mais bela.

Como faria concorrência à beleza da mulher de Zeus?

Poderia pretender um marido situado mais alto do que ele?

E Palas, que havia suplicado ao seu pai,

o rei dos deuses,

para manter a sua virgindade,

o que faria nessa situação?

Você vem me dizer que ela é uma caçadora de maridos?

Tudo bem, pode atribuir aos deuses todos os vícios,

mas não nos impedirá de enxergar o seu,

que salta aos olhos.

Afrodite? Veja bem, você me faria rir

caso eu pudesse dominar a náusea.

Afrodite teria entrado no palácio de Menelau

nos calcanhares de meu filho?

Você quer que acreditemos

quando todos sabem que um pequeno gesto

seria suficiente, sem deixar o céu,

para te transportar até nossa terra?

Você e a cidade inteira em torno de você,

com suas muralhas, seu palácio e seus templos.

Quer saber realmente a verdade, Menelau?

Muito bem, lembre-se: meu filho era lindo.

Assim que o viu,

incendiada de desejo,

foi a própria carne que se tornou Afrodite.

Quando os homens se apaixonam

não sabem reconhecer suas loucuras

e lhes dão o nome de Afrodite.

Portanto, Páris era

maravilhosamente bonito.

Ele chegou à sua casa,

e ela viu o brilho do ouro

nas roupas do príncipe asiático.

Então enlouqueceu,

o corpo sedento de luxúria,

e a cabeça cheia de cálculos.

(para Helena:)

Você vivia pobremente, não é?

Esparta é bem pobre. Lá,

mesmo uma rainha precisa economizar.

Você sonhava com o luxo,

queria fornicar todas as noites

e espalhar o ouro diariamente a partir de todas as janelas.

Você deixou seu marido por um belo macho

e a mesquinharia de seu pequeno reino,

trocando tudo pela cidade mais rica da Ásia.

Será que realmente te raptaram?

Páris te trouxe para cá usando a força?

Vamos lá: se tivesse sido assim, todos saberiam.

Suponho que você tenha gritado.

Quem ouviu seus gritos?

Teus irmãos ainda eram vivos,

não tinham ainda subido aos céus

para viver no meio das estrelas.

Você os chamou?

Na verdade, foi assim que você saltou clandestinamente

e de livre e espontânea vontade

em Troia.

Os gregos, seguindo os seus rastros,

desembarcam logo em seguida

e a guerra acontece.

Será que você derramava alguma lágrima

quando via os teus conterrâneos

caírem diante de nossas muralhas?

Caso os gregos obtivessem alguma vitória,

só então o nome de Menelau vinha a sua boca
para provocar o ciúme de Páris.
Mas, se a fortuna mudasse de campo,
você não pronunciava mais o nome do teu antigo marido.
Oportunista, é isso que você é!
Acompanhava a conveniência, nunca a virtude.
Agora que eles ganharam,
você vem nos contar
que se colocava todas as noites
suspensa por cordas
e que os troianos lhe impediam o voo,
e invoca o testemunho dos soldados da muralha em seu favor.
Sua cadela, você sabe muito bem que todos eles estão
mortos agora
por sua culpa.
Como, aliás, aconteceu com todos os nossos homens.
Quanto a mim, infelizmente, estou viva,
e este é o meu testemunho:
cem vezes eu te procurei
e te disse: "Vá embora,
meu filho encontrará outro casamento sem fazer nenhum esforço.
Vá embora, volte para os seus gregos,
assim você devolverá a paz
para uns e para outros,
gregos e troianos,
pois é por sua causa que estamos em guerra.
Vá embora, eu te ajudarei,
mandarei levar você escondida
até os navios deles, os gregos".

AS TROIANAS

Esse seu discurso aí, minha cara,
não me engana. Você não os amava.
Voltar para Esparta?
Teria sido preciso deixar o palácio de Páris,
no qual você se empavonava, delirante de orgulho.
Você queria atrair
os olhares ardentes dos nossos homens
e que toda a corte do rei Príamo
se prostrasse diante da tua beleza.
Olhe para esse vestido, essas joias e essas maquiagens!
Você está usando todos os seus encantos
para seduzir o seu pobre marido.
Na verdade, só há aí uma cabeça de vento, cabelos pintados
e sujos de escarros!
Uma cabeça sebosa!
Deveríamos arrastá-la aos pés dele, imunda,
submissa, em farrapos,
morrendo de medo
e com a cabeça raspada![28]
Menelau, coragem!
Não haverá verdadeira vitória para os gregos
enquanto você não a tiver executado.
Esse é o seu dever.
Para todas as outras mulheres o seu ato terá força de lei:
Que haja morte para a mulher adúltera.

---

[28] No Antigo e no Novo Testamento, o ato de raspar a cabeça pode estar ligado à submissão e ao amor a Deus, porém, em muitas culturas e muitos contextos, ter a cabeça raspada por outrem consiste numa manifestação de desafeto, de repúdio. É o que aconteceu com as francesas que, durante a II Guerra Mundial, colaboraram ou se afeiçoaram aos soldados nazistas e tiveram as cabeças raspadas quando ocorreu a Liberação. Esse é o sentido moderno dado por Sartre a essa fala.

O CORO

Se você hesitar,

os seus antepassados irão te amaldiçoar, Menelau!

E a Grécia te culpará pela sua covardia.

Seja forte, seja nobre. Vamos, castigue-a!

À morte!

MENELAU

Bem, penso que concordamos neste ponto:

ela deixou meu palácio por vontade própria,

Afrodite não tem nada a ver com este caso.

Você vai morrer imediatamente

para aprender a nunca mais me desonrar.

Quem vai te apedrejar é o exército. Você é uma mulher de sorte:

seu sofrimento não durará muito.

Já o nosso perdurou por dez longos anos.

HELENA

Eu lhe imploro,

Menelau, meu querido marido, meu rei,

perdoe-me.

Eu não fiz nada.

Sim. Eu bem sei, meu amor, magoei você.

Mas foram os deuses, você sabe muito bem disso.

E sabe o que isso significa.

Indulte-me, eu lhe suplico. Perdoe-me.

HÉCUBA

Desta vez, vou emprestar a minha voz aos nossos inimigos,
ao povo grego que morreu, aos seus aliados mortos:
não os traia, não traia os seus filhos, ó Rei.

MENELAU

Cale essa boca, velha!
(*apontando para Helena*)
Essa mulher não me interessa mais, de jeito nenhum.
(*dirigindo-se aos soldados:*)
Coloquem-na em meu navio.

HÉCUBA

Mas você pretendia matá-la aqui e
agora!

MENELAU

Eu estava movido pela cólera.
Agora que pensei bem, volto à minha primeira decisão.
É mais adequado que ela morra na Grécia.
(*eles saem com Helena*)

HÉCUBA

Pode ser na Grécia,
mas não a deixe subir no seu navio!

MENELAU

E por que não?
Ela pesou tanto assim para vocês nesses dez anos?

HÉCUBA

Mesmo pensando que o seu coração está morto,
não há amante que deixe de amar,
não há coração que não possa amar de novo.

MENELAU

Além de tudo, é necessário que a pessoa permaneça a mesma.
Seria esse o meu caso?
Deve haver um mal-entendido.
Pois bem, velhota, seguirei a sua proposta: é um bom conselho.
Ela será embarcada num dos outros navios,
a desregrada morrerá em solo grego,
como merece. Miseravelmente.
Que o seu castigo recaia sobre todas as mulheres.
Não é fácil torná-las castas.
Mesmo que elas fossem piores do que são,
vamos ensiná-las de novo a serem honestas através do medo.
(ele sai de cena)

CENA XI

O Coro, Hécuba e depois Taltíbio trazendo o corpo de Astíanax

O CORO
Alguém aqui acredita que ele vai mesmo matá-la?

HÉCUBA
A chance é meio a meio, 50%.

O CORO
(virando-se para o público)
Olhem! Olhem!
O dissimulado, o mentiroso, o covarde!
Ela está subindo no navio dele,
e vai agarrada nele, tudo está perdido!
Ela vai transformá-lo em seu escravo.
E vai reinar sobre Esparta, impune e para sempre –
o crime compensa.

HÉCUBA
Ó Zeus! Eu sou louca, pois acreditava que você fosse justo.
Perdoe-me.
A dor pungente dos nossos mortos
não será diminuída.
Os gregos se ajuntam na praia, invisíveis.
Eles a veem embarcar, triunfante,
Helena, a peste vermelha,
e ficam sabendo agora que morreram por nada.

O CORO
Por um detalhe,
Helena está retornando a Esparta

e reinará sobre ela –

O crime compensa.

Ó Zeus, por que entregaste nossos templos aos gregos?

Nossos altares com delicados perfumes,

nossa rica e piedosa cidade que tanto o louvava,

nossos campos superabundantes, nossos portos,

nossas torrentes geladas, escorrendo

do monte Ida, o glorioso cume,

que desperta toda manhã sem pedir nada,

sob os primeiros raios do sol.

Nós somos inocentes e, no entanto, fizeste-nos sofrer

por nada,

enquanto Helena vai embarcada com Menelau

para reinar sobre Esparta –

o crime compensa.

Estás pouco ligando para os nossos sacrifícios e oferendas.

Rei dos deuses, estás debochando de nós.

Nunca mais ouvirás nosso canto para a tua glória,

nem sentirás a doçura dos odores de nossos incensos,

nem a visão das nossas faixas sagradas;

sem falar nas suas estátuas de madeira e de ouro,

que brilhavam nas noites de lua cheia

e hoje estão em chamas, e vós, do alto dos céus,

olhas, com o mesmo olhar impassível,

desmoronar a cidade que tanto o enaltecia;

e Menelau levar consigo a grega é uma

atitude despudorada que deveria te ofender.

Estão soltando as amarras,

nossos homens morreram por nada,

Helena está embarcando
e vai reinar sobre Esparta.
O crime compensa.[29]
Vós, a quem eu amava
como meu homem, o pai de meus filhos,
vais rolar entre as pedras,
preocupado, solitário,
frígido pela angústia dos mortos sem túmulo.
Estão me levando para longe de ti,
para Argos, para Tirintha,
as cidades ciclopeanas[30]
cujas espessas muralhas se levantam
na noite sombria.
Escutai: estão nos separando e nossas crianças choram:
"Mamãe, mãezinha, onde estás?
Estão nos levando para um navio".
Meu esposo, como sofreste
e sofres ainda
por nada, meu caro falecido, por nada!
O navio de Menelau toma o largo,
Helena já começa a reinar ali mesmo.
Nós seremos batidas, estupradas, submetidas,

---

[29] O tradutor sugere que nesse instante a cena seja congelada, com todos os personagens imobilizados, e ouça-se pelo menos até a metade a canção *Se o amor se vai*, com Roberto Carlos, para significar, para o público brasileiro, a ambiguidade da questão: Menelau, em sua condição humana para além do poder político e militar que detinha, continuava a amar Helena mesmo depois de tudo o que tinha acontecido?

[30] Na mitologia grega, Ciclope era o nome dado a seres gigantes e imortais que tinham apenas um olho no meio da testa e habitavam a Magna Grécia (Sicília, Calábria e outras cidades). Representavam a contestação aos deuses por serem camponeses gigantes, desleixados e agressivos. Em seu lamento, a personagem de Eurípedes/Sartre refere-se às cidades gregas consideradas as mais primitivas e grosseiras da Grécia (N. do T.)

mas ela, a tão honrada e grande dama,

a *casta* esposa de Menelau,

a ela estão entregando seu porta-joias,

de onde ela tira espelhos de ouro,

nos quais se mira, complacente consigo mesma,

sempre encantada por sua própria beleza.

O crime compensa.

HÉCUBA

Boa viagem, Helena,

Feliz retorno à terra.

Tomara que morra em seu passeio!

Se algum dos deuses existe,

que ele tome em suas mãos os raios

e calcule bem onde estás,

e que um raio caia vindo diretamente do céu

e acerte em cheio o convés de tua galera;

que ele parta a embarcação em duas

e que um incêndio se instale ali e o navio afunde.

E tu, Menelau, corno grandioso,

que você morra também!

Que os redemoinhos de água chupem vocês dois

e devolvam seus corpos afogados

em alguma praia grega, tão querida por vocês.

E tu, puta desgraçada, que estejas verde e inchada, enrugada
pela água,

E aí veremos se ainda estarás bela

E se o crime realmente compensa!

TALTÍBIO

(*entrando*)

Hum! (raspando a garganta)

O CORO

Que tristeza!

Ai, ai, ai!

Ele traz em suas mãos o cadáver

de Astíanax,

que foi jogado do alto das muralhas,

como se fosse num arremesso de disco,

gesto tão característico do esporte olímpico.

TALTÍBIO

Hécuba, todas as embarcações tomaram o largo,

menos uma,

aquela que a está esperando com o resto da pilhagem.

O filho de Aquiles teve que partir às pressas.

Na terra dele a guerra recomeçou e

um aventureiro apoderou-se do reino de seu pai.

HÉCUBA

A guerra aqui durou dez anos

e lá na Tessália tudo recomeça.

O pai dele foi destronado. Não conte comigo para chorá-lo.

Onde está Andrômaca?

TALTÍBIO

Pirro, rei de Épiro, a levou consigo.

Mas antes de partir, ela foi rezar sobre o túmulo de Heitor.

Foi emocionante: até agora, veja, estou com os olhos cheios
de lágrimas.

Na sua bondade,

Neoptólemo, o outro nome de Pirro,

não proibiu que se desse sepultura digna ao jovem.

Olhe aqui!

HÉCUBA

O escudo[31] de Heitor!

TALTÍBIO

Pelo direito de guerra, ele pertence agora ao filho do vencedor,

mas ele renunciou a tal prerrogativa.

Esse objeto não será levado

ao Palácio de Fítia,

Andrômaca não terá acesso

a essa triste relíquia,

que deveria ser normalmente colocada na parede

de sua nova câmara nupcial.

Isso seria muito cruel e nós somos humanos,

nós outros, da Europa.

Não procurem por Astíanax,

---

[31] O escudo é importante peça militar de defesa numa batalha com espadas, mas pode também ter uma significação na *heráldica*, ou seja, a *ciência* que estuda a organização dos brasões da aristocracia europeia. No caso presente, o brasão é tomado e funciona nos dois sentidos, de defesa e de representação, da casa real de Troia (N. do T.)

tampouco pelas pedras[32] e pelas tábuas de cedro.[33]

Aqui será o seu túmulo.

(*apontando para o escudo*)

Recebi a ordem de lhe entregar esse corpo,

uma vez que a mãe foi embora levada pelas águas.

É que o dono daquela mulher estava muito apressado para

deixá-la ir enterrar pessoalmente seu filho.

Segure-o firmemente.

Prepare-o com a maquiagem dos mortos para o enterro.

Mas que isso se faça rapidamente!

Veja bem: para ganhar tempo

já lavei as feridas do corpinho no rio Escamandro.

É verdade que (o corpo) ainda sangra um pouco,

mas a hemorragia irá parar por si só.

Apresse-se, velha!

Vamos cavar sua tumba logo ali.

Se nos esforçarmos todos,

o navio poderá partir logo.

Estou louco para rever a pátria amada.

HÉCUBA

Coloque no chão

esse escudo arredondado.

Sempre gostei desse artefato.

---

[32] A pedra simboliza a alma humana. Por isso, na Antiguidade, os templos deveriam ser construídos com pedras brutas e, às vezes, lavradas. Ela ligava a criatura ao Criador e unia céu e terra (N. do T.)

[33] Já a madeira do cedro (nesse caso, a do Líbano, mais resistente e que tem a árvore mais bonita e frondosa da espécie) remete à grandeza, à força e à perenidade e, em consequência, à imortalidade, ambos, a pedra e o cedro, remetem, pois, à realeza e ao valor da Casa de Troia (N. do T.)

Essa alça ainda guarda as marcas do braço dele.

O suor que escorria de seu rosto

ainda molha e marca essa beirada curva.

Arma de latão polido, reverberante à luz do sol,

protegeu a vida de um herói.

Ele irá descer às trevas do interior da terra

e se transformará num eterno

e negro esquife de uma criança.

(dá um tempo e toma o corpinho de Astíanax nos braços)

Gregos arrogantes,

embriagados de astúcia,

hoje vocês não poderão ficar orgulhosos de seus atos.

Heitor está morto.

Mortos estão todos os troianos homens.

A cidade está em chamas

e o reino se tornou um deserto.

Sobrava apenas uma criança, somente uma,

ainda tenro e que ainda não sabia falar.

Mesmo assim ele lhes dava medo e vocês perderam a cabeça.

Vocês acreditavam que realmente essa criança

seria capaz de reerguer Troia de suas ruínas?

A verdade é que a sua potência está declinando.

E vocês estraçalham uns aos outros em guerras civis

e acabarão por cair, desunidos e perdidos, em mãos inimigas,

mãos de ferro e fogo, que irão prender vocês,

tal como estão fazendo conosco com essas correntes

no dia de hoje.

Aqui, sobre esta terra morta,

no meio dessas colunas esfaceladas,

um túmulo restará com o seguinte epitáfio:

"Aqui jaz, assassinado,

a criança que aterrorizou a Grécia".

(inclinando-se para Astíanax)

Meu querido!

Você não conhecerá nem a força da juventude,

muito menos o amor e o poder real,

que nos assemelha aos deuses.

Não terás o privilégio

de morrer na força da idade,

com armas na mão, diante das nossas fortalezas.

Se a felicidade existe,

ela estava ao alcance da sua mão

e, no entanto, dos bens deste mundo.

Ó pequena alma ingênua e indecisa,

você não levou nem mesmo uma lembrança.

Nenhuma vitória no tiro ao alvo

com um arco

ou numa corrida de bigas –

você morreu sem ter vivido.

Pobre cabecinha,

as pedras das nossas velhas muralhas

construídas por Fobos e Poseidon
quebraram-na,
arrancando seus caracóis,
que sua mãe enrolava entre os dedos com todo o carinho.
Odeio essa decoração vermelha do sangue
que agora envolve seu crânio partido.
Essas suas mãozinhas
– que eu sempre disse serem iguais às do seu pai –
estão inertes, estranguladas,
jamais se tornarão mãos.
À noite, eu entrava em seu quarto
para velar o seu sono
ou simplesmente te ver dormir.
Foram zelos de amor desperdiçados!
Tantas preocupações, tantos cuidados,
para nada, tudo por nada.
Você se lembra? Foi no ano passado.
Ficaste bem doente e eu cuidei de você,
salvando-o de uma morte do destino,
tudo para te reservar esta morte ignóbil!
Oh, mulheres, vamos procurar em nossas tendas
o pouco que ainda nos resta de belo
a fim de paramentar esse pobre corpo.
(algumas mulheres entram nas tendas. Hécuba deita Astíanax
sobre o escudo)
E eu, que acreditava na felicidade.
Na verdade, a Fortuna é uma mulher bêbada.
Ela cambaleia, esbarra em um, em outro,

e não está jamais no mesmo lugar.

Seria necessário chamar de louco um homem que se dissesse feliz

antes do último suspiro, em seu último dia.

(*as mulheres chegam com vários adereços fúnebres*)

Eu vou tratar cada uma das suas feridas,

triste médica que não sabe curar.

Seu pai vai se encarregar disso

no mundo dos mortos.

(*dirigindo-se às mulheres:*)

O que encontraram?

UMA MULHER

Estes véus.

HÉCUBA

Isso basta.

Dos ricos sacrifícios, os mortos não estão nem aí,

tudo não passa da pequena glória daqueles que estão vivos.

(*soldados pegam o cadáver que estava sobre o escudo. Ela segura-se
fortemente*)

Adeus.

(*quando ela o vê partir, desaparecendo da cena, ouve-se uma
brusca explosão*)

Vocês, deuses, sempre me detestaram,

deuses selvagens.

Odiavam Troia mais do que todas as outras cidades.

E nós só honrávamos vocês, fazíamos todos os sacrifícios e

cumpríamos todos os rituais.

Em vão.

Hoje estamos no inferno

enquanto vocês riem lá no céu de vocês.

Mas estão enganados, seus Imortais.

Teria sido melhor nos destruir com um terremoto.

Ninguém teria dito nada sobre nós!

Nós seguramos dez anos os ataques da Grécia inteirinha,

além daqueles covardes aliados deles, vindos da Ásia,

e agora morremos, vencidos por uma ignóbil astúcia, na forma de um cavalo.

Daqui a dois mil anos

nosso nome ainda estará em todas as bocas,

reconhecerão a nossa glória

e a vossa estúpida injustiça.

E vocês não poderão fazer nada,

pois também estarão mortos há muito tempo,

moradores do Olimpo,

do mesmo jeito que aconteceu conosco.

Muito bem! Podem fulminar a mim neste momento!

(*faz uma pausa*)

Seus covardes!

O CORIFEU

Cale essa boca, mulher! Suplicamos a você.

Assim você vai atrair várias e novas desgraças.

Ei-las!

Estão acendendo tochas na Acrópole.

Vejo tudo se incendiando por todos os lados.

O que está acontecendo?

(*entra Taltíbio*)

TALTÍBIO

Mandei os oficiais concluírem o trabalho
e incendiar qualquer coisa que ainda estivesse em pé.
(falando em seguida aos oficiais da sua tropa:)
Incendiai Troia!
É preciso não deixar pedra sobre pedra
se quisermos evitar qualquer preocupação
no nosso feliz retorno.
Vocês, mulheres, reúnam-se no porto
· assim que ouvirem o trompete –
esse será o sinal da partida.
(vários soldados entram)
Hécuba, Ulisses, enviem esses homens
para buscá-la;
Siga-os, pobre mulher!

HÉCUBA

Este é o último e o pior momento
das minhas desgraças.
Arrancam-me da minha pátria e a minha cidade está em chamas.
Ó Troia, orgulho da Ásia, receba minha última saudação.
Logo não serás mais nada:
escombros no meio de espinheiros.
Deuses surdos!
Surdos, não. Perversos.
Para que invocar vocês?
Vamos lá, minhas pernas destrambelhadas,
Colocarei toda minha glória morrendo aqui.

Minha pátria em chamas é a minha fogueira!

(*ela dirige-se ao fundo do palco, visualizando Troia em chamas*)

TALTÍBIO

Ei, ei, ei! Alto lá!

Prendam-na. Senão o que vai dizer Ulisses?

Depois de todos os aborrecimentos que ela sofreu,

acabou por perder a cabeça.

(*Hécuba é impedida pelos soldados*)

HÉCUBA

Ai de mim! Pobre de mim! Coitada de mim!

Perdoa, ó, pai da nossa raça.

Não estás vendo a sorte que estão infligindo ao seu próprio sangue?

O CORO

Ele está vendo, mas o que poderia fazer?

Troia foi riscada do concerto das cidades vivas.

Não há mais Troia.

HÉCUBA

Ai de mim! Pobre de mim! Coitada de mim!

Os telhados e toda a cidade estão em brasa,

nossas muralhas tão sólidas desmoronaram

nessa horrível luz inefável.

O próprio palácio está sendo comido pelo fogo.

Nossa pátria tornou-se fumaça

que se esvai no céu e desaparece.

O CORO

Oh! Que grande tragédia!

HÉCUBA

Oh! Nossa terra fértil,

que alimentou nações inteiras!

O CORO

Oh! Que grande tragédia!

HÉCUBA

Vou bater-te com minhas próprias mãos.

(*ela dá tapas no chão*)

O CORO

Oh! Que grande tragédia!

HÉCUBA

Devolva meus filhos

(*o Coro ajoelha-se e também dá tapas no chão*)

O CORO

Devolva nossos filhos e nossos irmãos.

Devolva nossos maridos que foram mortos.

HÉCUBA

Fique conosco, ó pátria! Estão nos arrancando de ti,
Abra-se o chão debaixo dos pés dos gregos
e nos devore juntamente a eles.

O CORO

Escutai a nossa súplica! Escutai a nossa súplica!

HÉCUBA

É o desaparecimento de Troia, que se desmorona.
Quanto a vocês, seus gregos de merda, cachorros,
venham nos pegar à força.
Nós não daremos nenhum passo pela nossa vontade
em direção ao exílio e à escravidão.
*(elas são levadas à força. O palco permanece vazio e silencioso por
alguns momentos)*

ÚLTIMA CENA

POSEIDON

(*ele entra e olha as cativas que estão sendo levadas à força
para o porto*)
Infeliz Hécuba,
não!
Você não vai morrer entre os seus inimigos.
Daqui a pouco, assim que você embarcar,
serás chamada ao meu reino,
no mar,
lugar em que sou o único senhor,
e vou fazer um rochedo bem perto do seu chão.[34]
Minhas ondas te acariciarão eternamente, trazendo-te junto a mim
e imortalizarão dia e noite o seu inominável lamento.
(*gritando e chamando:*)
Palas! Palas Atena! Mãos à obra!
(*um raio corta os céus*)
(*passa-se um tempo*)
Agora vocês vão pagar.
Guerreiem, mortais imbecis,
arrasem os campos e as cidades,
violem os templos, os túmulos,
e torturem os vencidos de todas as guerras.
Isso liquidará também vocês.
Todos.
[Tolos!]

FIM

---

[34] Estaria aqui Eurípedes/Sartre sugerindo a transformação de Hécuba após sua morte, num rochedo ou pequena ilha aprazível nas cercanias da extinta Troia? Se assim for, dali ela inspiraria muitos no mundo e aplacaria os pruridos da maternidade e da condição feminina em todas as latitudes e decurso de tempo.

(o tradutor sugere que enquanto os atores se descontraem e saem lentamente de cena e o público também se ausenta, o som reproduza a canção "Sampa", escrita e cantada por Caetano Veloso. Trata-se de uma homenagem e de uma crítica a uma, igualmente, grande, complexa e contraditória cidade, São Paulo, que recebe do célebre compositor e intérprete, uma demanda de identidade, além de uma camada poética de fina estampa – filigrana. Caso o grupo de teatro que estiver montando a peça entenda diferente, há ainda duas opções: a canção "New York, New York", com Frank Sinatra ou Liza Minnelli, ou também a canção de Zé Ramalho "Mulher nova, bonita e carinhosa, faz o homem gemer sem sentir dor", a qual refere-se diretamente ao tema desta tradução, citando nominalmente, inclusive, os nomes das personagens.

POSFÁCIO

Sidney Barbosa

No século XXI, vivemos, surpreendentemente, um tempo de guerra. Não bastaram as duas grandes guerras do século XX, que destruíram corpos, mentes e objetos no mundo todo, não foram suficientes as inumeráveis e doloridas *petites guerres* que pulularam da China à África, do Oriente Médio, ou as que opuseram o Norte contra o Sul, o Ocidente contra o Oriente, numa ação insensata e enlouquecedora que não deveria mais estar ocorrendo no nível civilizatório e tecnológico em que o mundo se encontra. A ONU tornou-se um organismo burocrático, de mãos e pés atados pelas grandes potências políticas e industriais, incapacitada de controlar o que quer que seja e de ajudar a imposição da paz entre as nações em litígio.

Poderíamos pensar que a guerra seja intrínseca ao ser humano, da mesma maneira com que o indivíduo permeia a sua vida entre *Eros* e *Tânatos*, mas não é assim; para além das maquinações geopolíticas, dos interesses econômicos e financeiros, da simples busca do poder, há um incompreensível lado violento e usurpador da felicidade do outro em cada um de nós, apresentando-se a guerra como simples somatória de todos os aspectos belicosos individuais. Apenas assim conseguimos – e olhe lá –, buscar entender por que nos matamos tanto uns aos outros em tantas guerras e em tantos lugares.

Neste ano de 2024, a guerra entre Rússia e Ucrânia, e a situação extremamente belicosa na Faixa de Gaza, chocam-nos e nos preocupam diante de dois aspectos que essas situações nos colocam: o atrevimento da guerra e dos seus adeptos, bem como a nossa incapacidade de irmos além da indignação para fazermos algo que conte para estancar esses atos violentos. Daí a importância que a literatura pode desempenhar ao abordar a questão, consolando-

-nos um pouco, com a apresentação desta peça de teatro, escrita originalmente há 2.500 anos e que desde então foi tida como um libelo contra a guerra.

Segundo o site *Infoescola*, a história de Eurípedes (480 a.C.-406 a.C.) é a de um homem que estava fora de sintonia com a maioria das pessoas do seu tempo, pelo fato de ser um livre-pensador, humanitário e pacifista, num período que se tornava cada vez mais intolerante e enlouquecido pela guerra, que piorou com o progresso material de Atenas. Sua obra constitui, sem dúvida alguma, o protótipo do moderno drama realista e psicológico que será bem explorado a partir das obras dramáticas na França do século XVI para cá. Diálogos vívidos, linguagem coloquial, discussões que frequentemente envolviam técnicas sofísticas, cantos corais curtos e de grande beleza lírica, são outras características marcantes de sua obra.

A peça em questão foi reescrita por Jean-Paul Sartre (1905-1980) em 1965, para também servir de panfleto contra a guerra do Vietnã e da guerra que os franceses encetavam contra a Argélia e tantas outras que ensanguentavam o mundo nos famosos *sixty*, obtendo muito sucesso. No entanto, ele não foi o primeiro a se servir desse procedimento de reescritura ou de atualização desta peça euripidiana. No século I da nossa era, Lúcio Sêneca, coincidentemente um mestre da filosofia estoicista[35], escreveu também uma adaptação que não obteve boa recepção entre os contemporâneos nem na posteridade. Já o célebre filósofo francês, escritor e dramaturgo Sartre (1905-1980), um dos baluartes do Existencialismo, movimento filosófico e literário humanista, explica por que resolveu reescrever a peça de Eurípedes ao invés de, simplesmente, traduzi-la:

---

[35] O estoicismo foi uma das correntes filosóficas do helenismo mais influentes na Antiguidade. Essa escola de pensamento originou-se na cidade grega de Atenas próximo ao ano 300 a.C., embora seu fundador, Zenão, tenha sido um estrangeiro natural de Cítio. Disponível em: https://brasilescola.uol.com.br/filosofia/os-estoicos.htm. Acesso em: 13 abr. 2024.

> Uma linguagem de pura imitação estava fora de cogitação [na démarche de tradução de Eurípedes], a transposição em francês moderno estava igualmente na mesma situação, pois o texto também marca a sua própria distância com referência a nós. Assim escolhi uma linguagem poética que mantém do original seu caráter cerimonial, seu valor retórico – mas que modifica o sotaque [...].
>
> Mas se não há somente o problema da linguagem. Há o problema de cultura. O texto de Eurípedes contém numerosas alusões que o público ateniense da época entendia imediatamente, mas aos quais nós não somos mais sensíveis porque esquecemos de como eram as lendas. [...]
>
> Entre a tragédia de Eurípedes e a sociedade ateniense do Século V a.C. existe uma relação implícita que nós não podemos mais enxergar nos dias atuais, colocando-nos numa posição "de fora". Se pretendo tornar essa relação sensível, não posso me contentar em traduzir a peça. Será necessário que eu a adapte. (SARTRE, 1965, p. 4).

O líder desse singular movimento, que foi ao mesmo tempo literário e filosófico (ou seria filosófico e literário?), aproveita a sua *démarche* para divulgar alegremente os seus princípios metafísicos em sua reescritura euripidiana, colocando na boca das personagens gregas antigas, Hécuba e Andrômaca principalmente, toda a essência de sua moderna filosofia existencialista:

HÉCUBA

"Mas minha filha, o que você está dizendo?

No entanto, você sabe muito bem: a morte é um nada.

Quando se está vivo, mesmo na vida mais miserável,

sempre resta a possibilidade da esperança.

ANDRÔMACA

Que furor de vida vejo em ti!

Você bem que sabe:

perdeu tudo;

seus filhos estão mortos

e seu ventre é velho demais para dar à luz a outros.

Não. Acabou-se a esperança. Melhor assim.

Não se agarre em ilusões perdidas,

solte a presa, deixe-se levar, sofrerá menos assim.

De fato, a morte é o vazio.

O nada é como uma calma eterna".

(Cena VII, p. 51 desta tradução)

Há no texto outros exemplos, mas aí estão o espírito e a letra da filosofia existencialista que só viria a ser veiculada dois milênios e tanto após os fatos narrados na peça. Um anacronismo que, no entanto, casa-se bem com o texto atribuído ao mundo clássico greco-latino. Uma habilidade sutil que Sartre nos deixa como herança. Os seres humanos daquela época não poderiam realizar abstratamente esses princípios, pois as preocupações metafísicas eram outras, mas sabiam vivenciá-los dolorosa e efetivamente na própria carne, a diferença entre essência e existência.

Por outro lado, traduzir atualmente o texto de Sartre sessenta anos depois, coloca-nos também algumas questões de reescrita e de interpretação. Os tempos são outros, a língua francesa modificou-se, os contextos históricos alteraram-se, a tecnologia mudou inteiramente nosso comportamento diante do mundo e, especialmente, do fenômeno literário, abrindo outras perspectivas intermidiáticas que nem sonhávamos serem abertas naquela época.

As técnicas tradutórias mudaram igualmente, entre os anos 1960 e a atualidade. Não há espaço aqui para uma reflexão a este respeito, porém podemos pensar com Tereza Virgínia Ribeiro Barbosa e o seu grupo de pesquisa:

> Aos gregos não interessa tanto "o quê" vai acontecer, mas "o como" tudo vai acontecer. [...] Resta ver e avaliar como se ergue um espetáculo com o repertório comum disponível para todos. Não se espante o leitor, isso ocorre ainda hoje quando milhares de pessoas vão assistir, por exemplo, à encenação da Paixão de Cristo. *O mito é conhecido, o enredo também. O contexto é claro. Resta ver e avaliar como se ergue o grande espetáculo* da morte e da ressurreição de Deus. (BARBOSA, T. V. R, 2022, p. 22).

Este procedimento de se partir de um enredo conhecido e consagrado inclui, então, as didascálias do tradutor que interfere, dessa maneira, não apenas no conteúdo do texto traduzido, mas influencia igualmente, por pouco que seja, a montagem do espetáculo.

O próprio valor do famoso fundador do existencialismo francês subiu e caiu nas efêmeras cotações intelectuais, segundo o mercado da ideologia e do cânone artístico. Depois de sua morte em 1980, houve períodos em que a obra do grande intelectual foi desvalorizada e colocada de lado por seus *penchants* marxistas e utópicos, tendo sido, no entanto, revalorizada mais tarde, a partir do ano 2000, passando a ocupar o lugar que a República das Letras Francesas e universais atribuíram-lhe e que ela merece, se não por sua contribuição filosófica, pelo menos por sua criação literária, a começar justamente na arte dramática, iniciada com As *moscas*, em 1943, denunciando esteticamente a ocupação de Paris pelas forças militares alemãs no contexto da Segunda Guerra Mundial. Apenas uma coisa permaneceu imutável nesse ínterim: a existência e a prática da guerra ceifando vidas, destruindo elementos e contextos materiais, levando corações e mentes para baixo, para o pior, para o sofrimento, para a morte e para a barbárie.

Daí essa atualidade desajeitadamente dolorida em nossos dias em que Rússia, Ucrânia, Israel e o Hamas à frente, disseminam devastação, a destruição e a morte por todos os cinco continentes diariamente, diante dos nossos olhos televisivos e incrédulos (não pode estar acontecendo deste jeito!). Por essa razão é que tanto Eurípedes quanto Sartre mantêm essa atualidade intocável e incontornável. Precisamos de textos como este para lembrarmo-nos de que é urgente acabar com todas as guerras, independentemente das razões geopolíticas, dos sentimentos de dominação e de conquista e, sobretudo, dos interesses econômicos e financeiros existentes, notadamente daqueles (determinantes nesses assuntos) da indústria de armamentos.

Saudações e louvores a Eurípedes e a Jean-Paul Sartre! Ambos são, por enquanto, imprescindíveis para um possível retorno ao parco, porém efetivo, bem-estar de civilização, justiça, diversão e arte. Esta peça, escrita a quatro mãos, aqui apresentada neste ano triste e marcial de 2024, apresenta-se como um bem de primeira necessidade para nossos espíritos inquietos e chocados com os acontecimentos contemporâneos. Uma tradução a mais dessa peça em nosso país, num contexto universal como acontece agora, toma o aspecto de algo ligeiro e efêmero, porém essencial, como um sereno na madrugada árida num verão excessivamente quente e seco. É pouco, mas umedece nossos corações e nossas mentes e pode ajudar a idealizarmos um mundo diferente do atual, sem guerras.

Figura 7 – Máscara mortuária de Agamenon. Apesar de atribuída ao grande rei, comandante das forças gregas que atacaram Troia, o artefato, que é confeccionado inteiramente em ouro, é muito mais antigo do que a época troiana, porém ficou assim conhecido.

Fonte: Flickr, fotografia de Xuan Che (2011)[36]

---
[36] Disponível em: https://www.flickr.com/photos/rosemania/5705122218 /. Acesso em: 14 mar. 2024.

REFERÊNCIAS

BARBOSA, Tereza Virgínia Ribeiro. "Da Hécuba em si mesma: do mito e da tradução". In: EURÍPEDES. *Hécuba*. Tradução: Tereza Virgínia Ribeiro Barbosa e Trupe de Tradução e Encenação de Teatro Antigo (UFMG, CNPq, FAPEMIG). Belo Horizonte: Relicário, 2022.

EURIPEDE/SARTRE. *Les troiennes*. Paris: Gallimard, 1965.

EURÍPEDES. *Duas tragédias gregas*: Hécuba e Troianas. Tradução: Christian Werner. São Paulo: Martins Fontes, 2004.

EURÍPEDES. *Hécuba*. Tradução: Tereza Virgínia Ribeiro Barbosa e Trupe de Tradução e Encenação de Teatro Antigo (UFMG, CNPq, FAPEMIG). Belo Horizonte: Relicário, 2022.

EURÍPEDES. *As Troianas*. Tradução: Maria Helena da Rocha Ferreira. Lisboa: Edições 70, 2014.

EURÍPEDES. *Medeia*; *Hipólito*; *As Troianas*. Tradução Mário da Gama Kury. Rio de Janeiro: Jorge Zahar, 2007.

MALHADAS, Daisi. *Tragédia grega*: o mito em cena. São Paulo: Ateliê Editorial, 2003.

MILTON, John. *Tradução*: teoria e prática. 3. ed. São Paulo. Martins Fontes, 2010.

SOUZA, Ricardo Vinicius Ferraz. Venutti e os videogames: o conceito de domesticação/estrangeirização aplicado à localização de games. *Traduções*, Florianópolis, v. 5, n. esp. – Games e Tradução, p. 51-67, out. 2013.

DISCOGRAFIA

A CAVALGADA DAS WALKÍRIAS, prelúdio do II Ato da ópera **A canção dos Nibelungos**. Compositor: Richard Wagner, apresentada pela Orquestra do Teatro Nacional de Brasília Cláudio Santoro, do Teatro Nacional de Brasília (DF), Vídeo. (5 minutos).

O AMOR SE VAI. Compositores: Carlos Colla, Bebu Silvetti, Robert Livi e Roberto Carlos. In: **Roberto Carlos**. Intérprete: Roberto Carlos. Rio de Janeiro: CBS, 1988. Disco vinil, faixa 5 (4,10 min).

MULHER NOVA, BONITA E CARINHOSA, FAZ O HOMEM GEMER SEM SENTIR DOR. Compositor: José Ramalho Neto E Otacílio Guedes Patriota. In: **Zé Ramalho – 20 anos – Antologia acústica**. Intérprete: Zé Ramalho. Rio de Janeiro: BMG Brasil LTDA. 7432147349-2. CD, faixa 7 do segundo disco (3,54 min).

SAMPA. Compositor: Caetano Veloso. In: **Muito** (Dentro da estrela azulada). Intérprete: Caetano Veloso. São Paulo: Philips – 6349.382, 1978. Disco vinil, faixa 7 (3,19 min).